SPAZI RIFLESSIVI IN PASSEGGERI NOTTURNI

Spazi Riflessivi in Passeggeri Notturni è un testo innovativo e versatile per l'insegnamento dell'italiano tramite riflessioni ed elaborazioni su questioni sociali emerse dalla lettura di *Passeggeri notturni*, collezione di racconti brevi di Gianrico Carofiglio.

Il testo, indicato per un livello intermedio-avanzato, propone una vasta gamma di esercizi grammaticali contestualizzati e attività interdisciplinari che confrontano letterature e arti diverse e affrontano discussioni socio-culturali.

Daniela Bisello Antonucci, laureata in Lingue e Letterature Straniere all'Università di Padova, ha poi conseguito il PhD in Letteratura Italiana presso Rutgers University. Ha insegnato in molte università americane e ha fatto parte del direttivo della NeMLA (Northeast Modern Language Association) sia come direttrice per l'italiano che come presidente dell'organizzazione.

Paola Nastri, PhD in Lingua e Letteratura Italiana, Yale University. Lettrice universitaria negli Stati Uniti, è ricercatrice indipendente a Yale e alla New York Public Library. La sua ricerca si concentra sull'insegnamento dell'italiano come lingua seconda, il Barocco e il Neobarocco, le interrelazioni della letteratura, le arti figurative, e la cultura visiva.

SPAZI RIFLESSIVI IN PASSEGGERI NOTTURNI

Daniela Bisello Antonucci e Paola Nastri

Illustrazioni e copertina di Helen Costantino Fioratti

LONDON AND NEW YORK

First published 2020
by Routledge
2 Park Square, Milton Park, Abingdon, Oxon OX14 4RN

and by Routledge
52 Vanderbilt Avenue, New York, NY 10017

Routledge is an imprint of the Taylor & Francis Group, an informa business

© 2020 Daniela Bisello Antonucci and Paola Nastri

The right of Daniela Bisello Antonucci and Paola Nastri to be identified as authors of this work has been asserted by them in accordance with sections 77 and 78 of the Copyright, Designs and Patents Act 1988.

All rights reserved. No part of this book may be reprinted or reproduced or utilised in any form or by any electronic, mechanical, or other means, now known or hereafter invented, including photocopying and recording, or in any information storage or retrieval system, without permission in writing from the publishers.

Trademark notice: Product or corporate names may be trademarks or registered trademarks, and are used only for identification and explanation without intent to infringe.

British Library Cataloguing-in-Publication Data
A catalogue record for this book is available from the British Library

Library of Congress Cataloging-in-Publication Data
A catalog record has been requested for this book

ISBN: 978-1-138-34698-7 (hbk)
ISBN: 978-1-138-34699-4 (pbk)
ISBN: 978-0-429-43714-4 (ebk)

Typeset in Bembo
by Deanta Global Publishing Services, Chennai, India

Visit the eResources: www.routledge.com/9781138346994

INDICE

Ringraziamenti   *xiv*
Introduzione   *xv*
Nota al testo   *xviii*
Forma breve *di Gianrico Carofiglio*   *xix*

Unità 1   **Quarto potere**   1

Tematiche

                               Bullismo
                               Diversità
                               Violenza
                               Scuola

Grammatica

                               Vocabolario
                               Passato remoto, passato prossimo, imperfetto, infinito
                               Riscrittura del testo: Indicativo, congiuntivo, condizionale
                               Pronomi personali oggetto diretto, indiretto, riflessivo

Unità 2   **Draghi**   8

Tematiche

                               Violenza
                               Matrimonio
                               Adulterio
                               Tradimento

vi INDICE

Grammatica	Vocabolario	
	Preposizioni	
	Avverbi	
	Articoli determinativi e indeterminativi	
	Passato prossimo vs imperfetto	
	Pronomi personali oggetto	
	diretto, indiretto, riflessivo, *ci*, *ne*	
Unità 3	**Aria del tempo**	14
Tematiche	Memoria	
	Ricordo	
	Odori	
	Sensi	
	Gastronomia	
Grammatica	Vocabolario	
	Comparativi	
	Superlativi	
	Congiunzioni	
	Riscrittura del testo: Indicativo	
	ci e *ne*	
Unità 4	**Calligrafia**	20
Tematiche	Bias cognitivi	
	Scrittura	
Grammatica	Vocabolario	
	Indefiniti	
	Forma passiva	
Unità 5	**Articolo 29**	26
Tematiche	Omosessualità	
	Famiglia	
	Suicidio	
Grammatica	Vocabolario	
	Partitivi	
	Indefiniti	
	Periodo ipotetico	

Unità 6	**Un addio**	**33**
Tematiche	Viaggio	
	Memoria	
	Ricordo	
	Treno	
Grammatica	Vocabolario	
	Passato prossimo vs imperfetto	
	Riscrittura del testo: Indicativo e congiuntivo; dal singolare al plurale	
Unità 7	**Confessioni 1**	**39**
Tematiche	Confessione	
	Interrogatorio	
Grammatica	Vocabolario	
	Avverbi	
	Indefiniti	
Unità 8	**Confessioni 2**	**45**
Tematiche	Confessione	
	Scelta di parole giuste	
	Ottica poliedrica	
Grammatica	Vocabolario	
	Congiuntivo presente, imperfetto, trapassato Pronomi relativi	
	Connettivi	
Unità 9	**Il biglietto**	**51**
Tematiche	Traffico di esseri umani	
	Prostituzione	
	Violenza	
Grammatica	Vocabolario	
	Riscrittura del testo: Indicativo e condizionale	
	Espressioni negative e affermative	
	Piacere	
	Verbi simili a *piacere*	

Unità 10

Tematiche

Tahiti — 57

Ipocognizione
Incomunicabilità
Suicidio

Grammatica

Vocabolario
Preposizioni
Congiunzioni
Congiuntivo vs indicativo

Unità 11

Tematiche

Pezzi grossi — 63

Corruzione
Denaro contante
Politica

Grammatica

Vocabolario
Condizionale
Periodo ipotetico
Gerundio
Gerundio vs infinito

Unità 12

Tematiche

Sinceramente — 69

Riflessione sull'uso degli avverbi
Sogno
Comunicazioni ingannevoli

Grammatica

Vocabolario
Pronomi personali oggetto
diretto, indiretto, tonico, riflessivo
Congiuntivo vs infinito
Congiunzioni che richiedono il congiuntivo

Unità 13

Tematiche

Canestri — 75

Self-serving bias
Pregiudizi
Autocritica

Grammatica	Vocabolario Congiuntivo vs indicativo Congiuntivo vs infinito Riscrittura del testo: Dal plurale al singolare *Si* impersonale e passivante	
Unità 14	**Stanlio e Ollio**	**81**
Tematiche	Truffa Trucchi	
Grammatica	Vocabolario Comparativo Concordanza dei tempi nel congiuntivo Imperativo formale e informale	
Unità 15	**La scorta**	**88**
Tematiche	Politica e politici Sicurezza personale	
Grammatica	Vocabolario Participio passato Gerundio Riscrittura del testo: Indicativo e congiuntivo	
Unità 16	**Mario bis**	**94**
Tematiche	Incontri incongrui Conversazioni Viaggio in treno	
Grammatica	Vocabolario Riscrittura del testo: Indicativo e condizionale Gerundio Pronomi relativi Discorso diretto e indiretto	

Unità 17

Poliziotto buono — 100

Tematiche
: Il binomio del poliziotto buono e poliziotto cattivo
  Stereotipi

Grammatica
: Vocabolario
  Congiunzioni che richiedono il congiuntivo e l'indicativo
  Discorso diretto e indiretto

Unità 18

Contagio — 106

Tematiche
: Contagio
  Diffusione di metodi che funzionano
  Politica

Grammatica
: Vocabolario
  Riscrittura del testo: Dal plurale al singolare
  Lasciare e congiuntivo
  Lasciare e infinito

Unità 19

Binari — 112

Tematiche
: Riflessione sul significato di carrellologia
  Etica
  Morale

Grammatica
: Vocabolario
  Preposizioni *di*, *da*, *a*
  Niente vs *nessuno*
  Periodo ipotetico

Unità 20

La riduzione delle tasse — 118

Tematiche
: Leggende metropolitane
  Inganni
  Politica

Grammatica
: Vocabolario
  Avverbi
  Gerundio

INDICE xi

Unità 21	**Avvocati**	**123**
Tematiche	Logica vs retorica	
	Incompetenza professionale	
	La legge	
Grammatica	Vocabolario	
	Pronomi relativi	
	Futuro di probabilità	
	Preposizioni	
	Molto	

Unità 22	**Profezie**	**129**
Tematiche	Profezie	
	Sondaggi	
Grammatica	Vocabolario	
	Indefiniti	
	Periodo ipotetico	

Unità 23	**Tutta la verità**	**135**
Tematiche	Verità oggettiva e soggettiva	
	Simulazione della verità	
	Verità e/o finzione	
Grammatica	Vocabolario	
	Indicativo vs congiuntivo vs infinito	
	Infinito presente	

Unità 24	**Epitaffio**	**141**
Tematiche	Filosofia kōan	
	Capacità negativa	
	Spiritualità	
	Senso comune	
Grammatica	Vocabolario	
	Futuro	
	Congiuntivo presente	
	Pronomi personali oggetto diretto, indiretto, doppi, *ne*	

Unità 25 Tranelli 147

Tematiche Inganni
Psicanalisi

Grammatica Vocabolario
Participio presente e passato
Preposizioni che precedono verbi all'infinito

Unità 26 Scrivanie vuote 153

Tematiche Ordine e disordine
Flusso di coscienza

Grammatica Vocabolario
Participio presente e passato
Riscrittura del testo: Indicativo e condizionale

Unità 27 Il riassunto 160

Tematiche Giornalismo
Qualità del giornalista
Forma breve

Grammatica Vocabolario
Riscrittura del testo: Dalla seconda alla terza persona
Connettivi
Preposizioni che precedono il pronome *chi*

Unità 28 Rane 166

Tematiche Abuso e violenza
Femminicidio
Adattamenti

Grammatica Vocabolario
Preposizioni
Congiunzioni
Si impersonale e passivante
Congiuntivo presente e passato

Unità 29	**Nelle Ardenne**	**173**
Tematiche	Solidarietà e coraggio	
	Shoah	
Grammatica	Vocabolario	
	Connettivi	
	Participio presente e passato	
	Infinito	
	Gerundio	
Unità 30	**Stanze**	**179**
Tematiche	Ricordi e sogni	
	Realtà e sogno	
Grammatica	Vocabolario	
	Pronomi personali oggetto diretto, indiretto, tonico, riflessivo	
	Preposizioni *a*, *di*	
	Avverbi	
	Congiuntivo vs indicativo	

RINGRAZIAMENTI

Ringraziamo Gianrico Carofiglio per la sua disponibilità, assistenza, e collaborazione durante l'intero progetto. I nostri ringraziamenti vanno anche a Helen Costantino Fioratti per la sua ampia generosità e a Peter Rothstein per i suggerimenti forniti nella rilettura del testo.

INTRODUZIONE

Spazi Riflessivi in Passeggeri Notturni (*Spazi Riflessivi*) è stato concepito con l'intenzione di offrire un materiale innovativo, stimolante, e coinvolgente per l'insegnamento della lingua italiana come lingua seconda a livello intermedio-avanzato. *Spazi Riflessivi* associa la lettura dei racconti di Gianrico Carofiglio, *Passeggeri notturni* (Torino: Einaudi, Stile libero Big, 2016), a una vasta tipologia di attività su tematiche e questioni sociali contemporanee che fanno pensare e riflettere. Gli argomenti trattati nei racconti sono di interesse attuale e affrontano temi quali il bullismo, la violenza, la discriminazione, lo sfruttamento, l'omosessualità, la legge, la confessione, la memoria, il sogno, ed altro. L'elaborazione di tali argomenti, stimolata da un continuo confronto interdisciplinare, interculturale, e geo-culturale, contribuisce in maniera nuova ed efficace allo studio della lingua attraverso la letteratura contemporanea. Per potenziare l'abilità orale dell'ascolto, il ritmo e l'intonazione della corretta pronuncia, e la comprensione del testo da parte dello studente, suggeriamo la versione audio dei racconti di Gianrico Carofiglio, letti dall'autore stesso (Roma: Emons Audiolibri, 2016).

Per usufruire di *Spazi Riflessivi* in modo rilevante e completo è necessaria la lettura dei racconti, perciò si ricorda che *Passeggeri notturni*, di Gianrico Carofiglio, va procurato e utilizzato insieme al testo.

Spazi Riflessivi si propone di approfondire e rafforzare le abilità ricettive e produttive dello studente attraverso esercizi contestualizzati che spaziano da quelli comunicativi e creativi a quelli più strutturati. L'ampia selezione di attività didattiche orali e scritte mira a ripassare e approfondire la grammatica e la conoscenza culturale, nonché a sviluppare le quattro abilità comunicative e il pensiero critico. Gli esercizi più tipicamente grammaticali non si soffermano su tutta la revisione della grammatica italiana, bensì servono come analisi e riflessioni di particolari strutture. Spazio è dato anche all'uso della tecnologia come strumento pedagogico per progetti multidisciplinari che confrontano e paragonano letterature, arti visive e musicali, filosofia, e altro. La realtà in cui vive lo studente dell'era digitale facilita un apprendimento più poliedrico che lo accompagna oltre la materia stessa. La multidisciplinarietà di *Spazi Riflessivi* è intesa a fornire analisi più ampie ed elaborazioni di contenuti per permettere allo studente di imparare e di fare delle riflessioni sugli argomenti che poi verranno trattati nella collettività della classe, per uno scambio di informazioni e di diversi punti di vista. Nel caso specifico dell'apprendimento linguistico, la multidisciplinarietà offre le occasioni per il confronto e la discussione nella lingua che stanno perfezionando, ossia l'italiano.

Le 30 unità di *Spazi Riflessivi* seguono l'ordine cronologico dei racconti brevi di *Passeggeri notturni*. Tale collezione rende *Spazi Riflessivi* ampiamente versatile in quanto può essere utilizzato sia nella sua totalità sia selezionandone delle parti, senza comprometterne la comprensione. Le chiavi degli esercizi linguistici, rintracciabili online, offrono allo studente la possibilità di verificare il proprio lavoro e facilitano l'uso del testo a chi sceglie di seguire un percorso di auto-apprendimento.

Il testo presenta molteplici possibilità di analisi in vari campi, proponendo riferimenti, paragoni, e associazioni con altre discipline – ma non impone una rigorosa osservanza delle proposte elencate. L'insegnante può selezionare e/o assegnare compiti da fare, letture, ricerche, progetti, a seconda delle esigenze della propria classe e delle ore che ha a disposizione durante il semestre. Gli studenti possono lavorare contemporaneamente a coppie o in gruppi a progetti diversi sia a casa che in classe, avendo poi modo di confrontarsi tra loro durante gli incontri. Le unità possono essere svolte in un semestre se gli incontri sono tre volte la settimana o in due semestri se il numero degli incontri è inferiore. La scelta e la quantità del materiale da approfondire nelle varie unità è alla sola discrezione dell'insegnante in base ai bisogni e interessi della classe.

Ogni unità, riferita a un racconto della raccolta *Passeggeri notturni*, presenta tematiche o questioni sociali ed è organizzata come segue:

Introduzione alle tematiche del racconto

Questa sezione è dedicata al dialogo socio-comunicativo attraverso attività attinenti alle tematiche del racconto, spesso introdotte dalla visione di un film, dalla lettura di brani letterari, dalla musica, e dall'arte, facilmente rintracciabili su internet o nelle biblioteche.

La sezione presenta anche il vocabolario nuovo con esercizi principalmente di sinonimia (per parole difficili ed espressioni idiomatiche abbiamo dato la traduzione inglese) e offre una vasta tipologia di esercizi lessicali di derivazione, inclusione, associazione, collocazione, ed altro. Per lo scambio di opinioni e l'inizio di un lavoro collaborativo tra gli studenti, si suggerisce di fare queste attività a coppie, in piccoli gruppi, o coinvolgendo l'intera classe.

Dopo la lettura

Le attività che seguono la lettura del racconto sono dedicate alla comprensione, all'interpretazione, e all'analisi del testo, nonché alla riflessione metalinguistica, e propongono una gamma di esercizi linguistici di revisione e approfondimento grammaticale e lessicale. Questo segmento è anche un invito alla riflessione personale, alla scrittura, al lavoro creativo, alle presentazioni orali. La sezione dedicata all'*Elaborazione* offre un ulteriore collegamento alle tematiche del racconto attraverso angolature interdisciplinari. Nella maggior parte delle attività di questa fase, gli studenti collaborano attivamente in classe, non solo confrontandosi sugli argomenti messi in evidenza dal racconto ma anche sperimentando e perfezionando espressioni linguistiche relative al vocabolario usato nell'unità. Si suggeriscono attività individuali, a coppie, o in gruppo.

Approfondimento di riflessione

Questa sezione fornisce ulteriori informazioni per l'approfondimento delle tematiche affrontate con riferimenti letterari, cinematografici, artistici, o culturali. È questo un momento di ricerca individuale, che tuttavia non esclude un lavoro collaborativo, per esplorare e conoscere più dettagliatamente un argomento e proporre le proprie riflessioni su di esso.

★★★

Obiettivi di Spazi Riflessivi

L'obiettivo fondamentale di *Spazi Riflessivi* è quello di potenziare le quattro abilità linguistiche, stimolare la riflessione interdisciplinare e culturale, e sviluppare il pensiero critico.

Lo studente lavorerà su come fare anticipazioni sulle tematiche del racconto tramite esplorazioni visive, musicali, letterarie, e artistiche – analizzare, riflettere, ed espandere sul contenuto del testo – elaborare sull'argomento del racconto attraverso angolature interdisciplinari – riflettere sulla lingua – scrivere, presentare, e creare sulle tematiche pertinenti ai singoli racconti.

La lista specifica di grammatica revisionata nelle varie unità e le tematiche affrontate si trovano nell'Indice.

NOTA AL TESTO

La rielaborazione dei racconti di *Passeggeri notturni*, effettuata principalmente tramite parafrasi, riassunti, e ricostruzioni di frasi, è stata necessaria per il fine pedagogico di testare lo studente sull'uso di determinate strutture grammaticali e lessicali, attività da noi proposte in modo contestualizzato per facilitarne la comprensione e l'uso. Nelle seguenti citazioni la sottolineatura è nostra: Unità 6. E5; Unità 7. E2; Unità 16. E1; Unità 17. E1; Unità 18. E1; Unità 21. C3, b, c.

I titoli delle opere menzionate nelle varie unità di *Spazi Riflessivi in Passeggeri Notturni* sono presentati, laddove è stato possibile, in edizione originale e seguiti dalla traduzione in italiano. Dalla lista vengono escluse le canzoni che sono indicate esclusivamente nella loro dicitura originale.

La ricerca dei quadri può essere effettuata attraverso Artstor, accessibile da molti istituti.

FORMA BREVE di Gianrico Carofiglio

Negli incontri con i lettori capita spesso di sentirsi chiedere se scrivere con un termine per la consegna – cioè: a comando – non sia un atto contro natura. Non bisognerebbe lasciare che la scrittura fluisca senza vincoli assecondando la libertà dell'ispirazione?

Ancora più scandalosa, per molti, è l'idea che si possa scrivere un racconto con un vincolo di lunghezza. Per esempio: tre pagine, o anche molto di meno, fino a minuscoli componimenti di pochissime parole. Come quello che segue, per esempio.

Un monaco incontrò un giorno un maestro zen e, volendo metterlo in imbarazzo, gli domandò: "Senza parole e senza silenzio, sai dirmi che cos'è la realtà?" Il maestro gli diede un pugno in faccia.

Rispetto alla legge monoteistica del romanzo il racconto è una religione politeistica, il luogo della più varia sperimentazione di generi: la novella, l'aforisma, lo sketch, l'apologo morale, il poemetto in prosa, la massima, l'illuminazione, il ritratto, le visioni del mistico, il racconto d'occasione fino alla battuta o al koan.

È proprio riflettendo sulle diverse manifestazioni della forma breve che ci si rende conto di quanto la libertà della scrittura sia esaltata, non compressa, dall'imposizione dei vincoli di lunghezza. Più o meno come accade con la metrica per la poesia. La creatività – e soprattutto la creatività letteraria – ama le costrizioni. Nel darsi una misura, chi scrive si trova di fronte un perimetro segnato nel quale però è più agevole cogliere le opportunità. La parsimonia, l'economia di mezzi, cui costringe questa scelta fa da motore, e non da freno, all'invenzione.

Questo naturalmente non significa che la scrittura breve sia facile. Al contrario. Essa richiede un lavoro puntiglioso di progressive sottrazioni. Cioè richiede fatica, e *tempo*. Nella XVI delle sue *Provinciales* Pascal, con una battuta ormai famosa, si scusa per aver scritto una lettera più lunga rispetto alle sue abitudini: "Ho fatto questa qui più lunga di tutte, perché non ho avuto il tempo di farla più corta".

Scrivere un racconto breve è come maneggiare un congegno di precisione o, meglio ancora, come eseguire un gioco di prestigio a pochi centimetri dallo spettatore. Richiede una pratica levigata ed ossessiva, perché ogni errore, ogni imperfezione può svelare il mistero e distruggere la magia. I vincoli di lunghezza costringono al confronto implacabile con i difetti della scrittura e delle storie. Quelli che è meno difficile nascondere nella misura lunga del romanzo.

Il più grave di questi difetti è sintetizzato, sotto forma di precetto in un famoso e molto longevo manuale di scrittura: *The elements of style* di William Strunk. Libro uscito per la prima volta nel 1920 e da allora continuamente ripubblicato in centinaia di edizioni. *Omit needless words* – omettete le parole non necessarie – recita l'articolo 17 del codice di Strunk.

È la regola capitale della scrittura, quella che enuncia il principio di *necessità* di ogni singola parola. Regola etica, prima ancora che estetica, perché, come scrive Primo Levi: "abbiamo una responsabilità … dobbiamo rispondere di quanto scriviamo, parola per parola, e far sì che ogni parola vada a segno".

Un altro grave difetto che la forma breve costringe, più del romanzo, a identificare e a contrastare è l'invadenza dell'autore, cioè l'inclinazione a pontificare, a giudicare e a compiacersi. La scrittura narcisista è sempre sgradevole ma nel racconto breve è tossica e, soprattutto, impossibile da camuffare.

Per Irène Némirovsky "una novella è una porta che ci fa intravedere per un istante una casa sconosciuta e subito si richiude. È uno sprazzo, un avvertimento, che esige quindi estrema economia di mezzi. E che ha la virtù del pudore. A volte il romanziere può o deve parlare di se stesso. Invece l'autore di novelle, che ha il tempo contato, è costretto a tenersi in disparte e a far parlare solo i personaggi".

Non puoi dilungarti, lo abbiamo già detto. Non devi – non puoi – parlare di te, devi lasciare che la storia si costruisca attorno alla *captazione* di un frammento di quello che accade attorno a te.

Captazione, cioè intercettazione abusiva di pezzi di vita altrui. Ecco: il racconto breve, soprattutto il racconto d'occasione richiede di essere indiscreti. Che poi, a pensarci bene, è un modo diverso per dire che bisogna stare in disparte, quasi nascosti.

Stai viaggiando in treno, aspetti di imbarcarti su un aereo o stai bighellonando in una libreria e invece di farti gli affari tuoi cominci a osservare le persone che ti stanno intorno, e magari ascolti anche i loro discorsi. Per farlo bene, devi riuscire a non farti notare. E allo stesso modo non devi farti notare quando riporti sulla pagina quello che hai visto e sentito.

I personaggi di un racconto prendono vita davvero solo quando l'autore diventa invisibile. Il suo posto è nei territori del non detto, nelle ellissi, negli spazi bianchi della pagina. Quelli in cui si siede con il lettore per guardare, insieme, lo spettacolo del mondo.

Domande di comprensione

1. Secondo Carofiglio, è facile o difficile la scrittura breve?
2. Come si giustifica Pascal dopo aver scritto una lettera più lunga del solito?
3. Quale similitudine usa Carofiglio per descrivere la scrittura del racconto breve?
4. Che cosa dice Primo Levi a proposito della scrittura?
5. Qual è il ruolo dell'autore nella scrittura breve, secondo Carofiglio?
6. Perché si parla di scrittura narcisista?
7. A tuo parere, che cosa intende Carofiglio quando dice che "il racconto d'occasione richiede di essere indiscreti?"
8. Secondo te, per quale motivo Carofiglio scrive queste pagine a proposito della forma breve?

UNITÀ 1
QUARTO POTERE

A. INTRODUZIONE ALLE TEMATICHE DEL RACCONTO

- Fai delle anticipazioni sul contenuto del racconto in base al titolo.
    1. Visione del film *Solo io*, Guido Milani.
        a. Riassumi brevemente la trama del film.
        b. Quali emozioni e stati d'animo trasmette il film e in quali momenti?
        c. Descrivi il protagonista Marco.
        d. Si può definire la scuola un ambiente sicuro?
        e. È facile fare amicizia in una scuola nuova?
        f. Che cosa fai per farti conoscere dai tuoi compagni di classe?

B. VOCABOLARIO INIZIALE

tizio	*fellow*
freni inibitori	*inhibitions*
litigare	discutere/bisticciare
prendersela	arrabbiarsi
andava bene in	era bravo in
ti inculo	*I'll fuck you*
ricchioncello	espressione volgare per "omosessuale"
grugniti	*growls*
dai	*come on*
lo torse	*twisted it*
male pazzesco	molto male
faccia di merda	*shit face*
ti sei messo in un casino	*you have gotten yourself into a big mess*
disinvoltura	sicurezza di sé
bidello	custode
dopodiché	poi
porse	diede
sfollagente	bastone/*baton*
stronzo	*asshole*
si piazza	si mette
si accinge	si prepara
addestrato	preparato
sorriso da caimano	sorriso minaccioso
darmele	picchiarmi
movimento a frusta	movimento rapido
allenato	preparato/esercitato
stramazzare	cadere
faccenda	lavoro

1. **Scrivi tre frasi complete utilizzando per ogni frase almeno due parole o espressioni della lista di vocabolario che hai appena studiato.**

2. **Identifica l'iperonimo, cioè la parola che include tutte le altre come nell'esempio.**

   a. pallanuoto, pallavolo, calcio, scherma, tennis, **sport**
   b. arma, pistola, fucile, pugnale, spada, baionetta
   c. giubbotto, camicia, giacca, gonna, indumento, cappotto
   d. naso, faccia, ciglia, guance, fronte, mento
   e. corde, ellittica, vogatore, travi, palestra, pesi
   f. paura, gioia, rabbia, emozione, sorpresa, timore

C. DOPO LA LETTURA

1. **Associa le parole della colonna A con le parole della colonna B con cui sembrano più strettamente in relazione.**

   A
   a. quotidiani
   b. palestra
   c. sala lettura
   d. respiro affannoso
   e. sfollagente
   f. medie

   B
   g. classe
   h. biblioteca
   i. educazione fisica
   l. giornale
   m. bastone
   n. grugniti

2. **Scrivi i sostantivi che derivano dai verbi che seguono come nell'esempio.**

   a. giocare → *il gioco*
   b. litigare
   c. tirare
   d. gradire
   e. avvicinarsi
   f. muoversi
   g. trasferire
   h. addestrare
   i. colpire
   l. allenare

3. **Spiega con parole tue le seguenti espressioni che si trovano nel testo e scrivi delle frasi che le contengano.**

   a. Starsene per i fatti suoi
   b. Prendersela con
   c. Cominciare a darmele

4. **Domande di comprensione del testo ed espansione.**

   a. Di che cosa parla il racconto? Scegli dalla lista che segue e spiega perché.
      - Violenza
      - Amicizia
      - Bullismo
      - Rivincita
      - Solidarietà
   b. In che modo Carofiglio rappresenta il tema che hai scelto? Fai riferimento al testo e scrivi aggettivi, verbi, espressioni di cui l'autore si serve per parlarne.
   c. Secondo te, a che cosa si riferisce il titolo "Quarto potere?"
   d. Perché Cannata è definito cattivo?
   e. Che tipo di personaggio emerge dal racconto?
   f. Pensi che ci possa essere empatia senza conoscenza?
   g. È giusto giudicare una persona senza prima conoscere la sua realtà?
   h. Che cosa si deve fare per comprendere le persone?
   i. Il titolo del film americano *Citizen Kane* è stato tradotto in italiano *Quarto potere*, proprio come il titolo del racconto. Conosci questo film? Se sì, spiega se ci sono delle affinità con il racconto.

5. **Scrittura.** Prendendo ispirazione dal racconto di Carofiglio, descrivi un/a compagno/a delle scuole superiori. Soffermati su una caratteristica comportamentale che ricordi in modo particolare. Usa l'imperfetto, il passato prossimo, e qualche pronome oggetto.

6. **Presentazione orale.** Crea il tuo poster sul bullismo. Giustifica la scelta delle parole e delle immagini usate.

D. ELABORAZIONE

1. **La scuola.**
   a. Quali ricordi hai della scuola elementare o media? Com'erano i tuoi compagni?
   b. Che cosa ti piaceva studiare e perché? Scegli tra le seguenti materie.
      - Matematica
      - Inglese
      - Storia
      - Geografia
   c. Eri sportivo/a a tredici anni? Che sport facevi?
   d. Il bidello/la bidella della scuola ha una lunga tradizione. Ricerca questo mestiere e fai riferimento a film/programmi/letteratura/giornali che hanno come protagonisti i bidelli.

   La letteratura e il cinema hanno spesso raccontato la scuola e ne hanno messo in risalto le problematiche. Ecco alcuni esempi.
   - *Cuore*, Edmondo De Amicis.

   e. Ricerca questo testo ed elenca aggettivi e verbi che possano definire i personaggi protagonisti che seguono.

   Garrone
   Derossi
   Franti
   Stardi
   Precossi

   - *Entre les murs (La classe)* di Laurent Cantet
   - *Diario di un maestro* di Vittorio de Seta

   f. Ricerca le tematiche dei film e prepara una lista di argomenti. Paragona l'esperienza italiana a quella francese.

2. **Fenomeno del bullismo.**
   a. Il bullismo: Hai mai avuto quest'esperienza?
   b. Conosci persone che sono state vittime di questo fenomeno? Descrivi.
   c. Nel racconto, Carofiglio si riferisce ad un nuovo compagno, Gabriele, e ne mette in evidenza alcune caratteristiche. Pensi che siano associabili a diversità?
   d. A tuo parere, quali dei seguenti aggettivi potresti associare a diversità, e perché?

   studioso   introverso   silenzioso   obeso   appartato   indifferente

   - Fernando Botero è famoso per l'abitudine di ritrarre persone di misura esagerata.

e. Rifletti e spiega che cosa vuole esprimere l'artista con la sua "diversità." Scegli dalla seguente lista, discutine in classe e spiega perché.

- Critica sociale
- Critica politica
- Umorismo
- Sensibilizzazione al problema della diversità
- Deformazione della realtà
- Altro
- Marco Cappelletti è l'autore di *Volevano uccidere la mia anima*, romanzo a cui si ispira il film *Solo io*. Il romanzo è il racconto dell'esperienza dello scrittore nell'ambito del bullismo.

f. Fai ricerche sul perché Cappelletti decide di parlarne. Scegli tra le possibilità che seguono e preparati a discuterne in classe.

- Testimonianza
- Denuncia di un problema che esiste nella società
- Esperienza in una scuola
- Il mondo difficile degli adolescenti
- Difficoltà di inserimento negli ambienti

3. **Stan Lee e l'anti bullismo nei fumetti Marvel.**

a. I fumetti di Stan Lee trascendono ogni tipo di cultura. Ricerca il personaggio di Peter Parker, in arte Spider-Man, e individua le caratteristiche che lo accomunano a Gabriele nel racconto di Carofiglio e/o a Marco nel film *Solo io*. Poi spiega come Spider-Man diventa simbolo delle vittime del bullismo.

E. REVISIONE GRAMMATICALE

1. **Scrivi il *passato prossimo*, l'*imperfetto*, e l'*infinito* dei verbi che seguono come nell'esempio.**

   a. decise → *ha deciso, decideva, decidere*
   b. si alzò
   c. arrotolò
   d. prese
   e. si diresse
   f. cadde
   g. venne
   h. sembrò
   i. disse
   l. distese
   m. porse
   n. entrò
   o. mi resi conto
   p. aggiunse

2. **Adesso scegli cinque verbi tra quelli sopraelencati e scrivi cinque frasi complete al *passato prossimo*.**

3. **Cambia i seguenti brano dal *passato* al *presente* e rifletti sull'uso della nuova grammatica. Fai attenzione ai tempi e modi verbali!**

   "Pensai che fosse pazzo e – come avrei fatto molte volte negli anni a venire – mi chiesi per quale motivo non mi fossi fatto gli affari miei" (*Passeggeri notturni*, 6).

6 QUARTO POTERE

"Cannata mi lasciò, ma prima che potesse accennare una qualsiasi difesa Gabriele lo colpì di nuovo, due, tre volte, in modo secco, come se si fosse allenato a lungo proprio per quell'azione e quell'occasione. Cannata cominciò a perdere sangue dal naso e cadde in ginocchio, appoggiandosi al muro per non stramazzare a terra. Gabriele lo colpì ancora un paio di volte sulla testa" (Ibid., 7).

4. **Riscrivi le frasi con un *pronome oggetto diretto* e completale liberamente.**

   Esempio: Ripose il giornale nello zaino → *lo ripose nello zaino e uscì dalla classe*

   a. aspettavano l'arrivo del professore
   b. lui non gradì l'interruzione
   c. muovendosi come chi conosce i luoghi alla perfezione
   d. per chiudere la faccenda
   e. senza alzare la voce

5. **Indica se le particelle sottolineate sono *pronomi oggetto diretto, indiretto* o *riflessivo*.**

   a. si chiamava Gabriele
   b. lo prese alle spalle
   c. adesso ti inculo … disse montandogli addosso
   d. mi prese per un orecchio e me lo torse facendomi un male pazzesco
   e. Gabriele mi si avvicinò
   f. ci serve un'arma
   g. muovendosi come chi conosce i luoghi
   h. ci trasferimmo
   i. l'ho osservato
   j. mi aspettò

6. **Che cosa fanno le seguenti persone? Rispondi riferendoti al testo e utilizzando un *pronome oggetto*.**

   Esempio: Che cosa fa Cannata a Gabriele? → *Lo insulta e lo abusa verbalmente.*

   a. Gabriele a Cannata?
   b. Gabriele con il giornale?
   c. Cannata al narratore?

7. **Completa con i corretti *pronomi diretti, indiretti,* o *riflessivi*.**

   È una storia che _____ ripete troppo frequentemente. Siamo in una scuola in cui un bullo intimidisce uno studente, quello più sensibile e più debole. _____ insulta, _____ prende in giro e _____ minaccia. A volte _____ dice parolacce, _____ chiama sgobbone, _____ scrive messaggi indecenti e spesso _____ mette le mani addosso. Gli altri compagni _____ isolano e smettono di parlar_____ .Vittima di scherzi e di azioni umilianti, lo studente _____ sente ridicolizzato e ha paura ma non riesce a reagire alla situazione e _____ rinchiude sempre più in se stesso, nella sua solitudine e indifferenza.

Approfondimento di riflessione

- *Solo io* è stato realizzato in collaborazione con l'associazione "Sos Bullismo," fondata da Cappelletti che è membro della commissione ministeriale contro il bullismo delle scuole.
- Film: *Heathers* (*Schegge di follia*), Michael Lehmann.
- Canzoni: *Beautiful*, Christina Aguilera; *Stay with Me*, Sam Smith; *Adesso basta*, Gigi D'Alessio; *Non possiamo chiudere gli occhi*, Eros Ramazzotti.
- Letteratura: *Il codice di Perelà*, Aldo Palazzeschi.
- Fumetti: *Avengers: No more Bullying*, Gerry Duggan, Sean Ryan, Jody Hauser; *Sospeso*, Giorgio Salati, Armin Barducci; *Heartbeat*, Maria Llovet; *C'est pas toi le monde* (*Non sei mica il mondo*), Raphaël Geffray.

Bibliografia

Aguilera, Christina. "Beautiful." *Stripped*. RCA Records, 2002.
Botero, Fernando. (1932–).
Cappelletti, Marco. *Volevano uccidere la mia anima*. Lecce: Argo, 2007.
Citizen Kane. Regia di Orson Welles. RKO Pictures 1941.
D'Alessio, Gigi. "Adesso basta." *Semplicemente sei*. Sony Music, 2010.
De Amicis, Edmondo. *Cuore*. Milano: Treves, 1886.
Diario di un maestro. Regia di Vittorio de Seta. Latere – Fonit Cetra Video, 1972.
Duggan, Gerry, Sean Ryan, Jody Hauser. *Avengers: No more Bullying*. Marvel Comics, 2015.
Entre les murs. Regia di Laurent Cantet. Haut et Court, 2008.
Geffray, Raphaël. *C'est pas toi le monde*. Paris: Futuropolis, 2015.
Heathers. Regia di Michael Lehmann. New World Pictures, 1989.
Lee, Stan, Steve Dikto. *Spider-Man*. Marvel Comics, 1962.
Llovet, Maria. *Heartbeat*. BD Comics, 2016.
Palazzeschi, Aldo. *Il codice di Perelà*. Milano: Poesia, 1911.
Ramazzotti, Eros. "Non possiamo chiudere gli occhi." *Ali e radici*. RCA italiana, 2009.
Salati, Giorgio, Armin Barducci. *Sospeso*. Latina: Tunué, 2018.
Smith, Sam. "Stay with me." *In the Lonely Hour*. Capitol – Method, 2014.
Solo io. Regia di Guido Milani. Ragazzi e Cinema, 2008.

UNITÀ 2
DRAGHI

A. INTRODUZIONE ALLE TEMATICHE DEL RACCONTO

- Fai delle anticipazioni sul contenuto del racconto in base al titolo.
- Che cosa sai dei draghi?
- Trova degli aggettivi e dei verbi che possano descriverli.

1. Visione del film *Pete's Dragon* (*Il drago invisibile*), Don Chaffey.

    a. Di che cosa parla il film? Scegli tra le possibilità che seguono e motiva la tua scelta.

    - Amore verso il diverso
    - Emarginazione dalla società
    - Incredulità e pregiudizi degli esseri umani
    - Inesistenza dei draghi
    - Si può sconfiggere l'immagine di un drago/mostro
    - Rispetto della natura
    - Amicizia

    b. Qual è la definizione più adatta per il/la migliore amico/a?
    c. Puoi associare la parola fiducia al/la migliore amico/a? Spiega.

B. VOCABOLARIO INIZIALE

tizio	*fellow*
si era tramutato	si era cambiato
incubo	brutto sogno
conoscente	*acquaintance*
testimoni	*witnesses*
sacerdote	ministro del culto cattolico
sbrigati	finiti
consuetudine	abitudine
giusto	opportuno/appropriato
deludervi	*disappoint you*
brusio	*buzz*
entrambi	tutti e due
a bordo di	in
trappola	*trap*
annuito	approvato
draghi	grandi animali fantastici
fiabe	favole
sconfitti	*defeated*

1. **Dal verbo forma il sostantivo aggiungendo il corretto suffisso: *-zione*, *-sione*, *-mento*, poi con tre sostantivi scrivi tre frasi complete come nell'esempio.**

    a. continuare → la **continuazione** *di questo esercizio rinforzerà il mio lessico*
    b. innamorare
    c. accompagnare
    d. trasformare
    e. deludere
    f. ringraziare
    g. spiegare
    h. umiliare

10 DRAGHI

2. Per ogni parola data, indicane una o due con un significato minore come nell'esempio.

   a. l'aeroporto → *l'aereo, il passeggero*
   b. il matrimonio
   c. il mese
   d. il decennio
   e. l'albergo
   f. la mattina
   g. l'auto
   h. il libro

C. DOPO LA LETTURA

1. Associa le parole della colonna A con le parole della colonna B con cui sembrano più strettamente in relazione.

   A
   a. gentile
   b. ossessivo
   c. matrimonio
   d. chiesa
   e. cerimonia
   f. fiabe

   B
   g. storia inventata
   h. invitati
   i. violento
   l. pieno di attenzioni
   m. testimone di nozze
   n. sacerdote

2. Scrivi il contrario delle parole in corsivo e poi completa liberamente come nell'esempio.

   a. viviamo in città *diverse* → *viviamo in città* **simili** *ma architettonicamente diverse*
   b. nell'*ultimo* decennio
   c. lui era pieno di *attenzioni*
   d. era *violento*
   e. in *presenza* di amici
   f. la vita era un *incubo*
   g. ci vuole *intelligenza*
   h. la mia *migliore* amica
   i. poi *uscì dalla* chiesa
   l. il motore *acceso*
   m. dopo la *separazione*
   n. ci sono rimasta *male*

3. Domande di comprensione del testo ed espansione.

   a. Di che cosa parla il racconto? Scegli dalla seguente lista e spiega perché.
      - Violenza
      - Abuso
      - Tradimento
      - Gelosia
      - Umiliazione
      - Libertà
   b. Chi sono i personaggi del racconto e quali ruoli hanno nella storia?
   c. Individua sostantivi e aggettivi che hanno un significato negativo e indica a quale personaggio vengono associati.
   d. Immagina fisicamente il personaggio che ti colpisce in modo particolare e descrivilo.
   e. Quali storie sono narrate nel racconto? Che cosa le accomuna?

f. Secondo te, sono storie vere o inventate? Spiega.
g. Discuti se una storia inventata può aiutare a comprendere/risolvere i problemi.
h. Nel racconto, Carofiglio scrive che "Chesterton diceva che le fiabe non servono a spiegare ai bambini che i draghi esistono. Questo i bambini lo sanno già. […] Le fiabe servono a spiegare ai bambini che i draghi possono essere sconfitti" (*Passeggeri notturni,* 10). Sei d'accordo con l'affermazione di Chesterton? Spiega.
i. Come finisce il racconto?
l. Su che cosa vuole far riflettere Carofiglio?

4. **Scrittura.**

   Come immagini la continuazione del racconto? Scrivi una composizione che contenga una descrizione della nuova vita della protagonista.

5. **Presentazione orale.**

   Prepara una presentazione orale su una favola che conosci o creane una tu in cui ci siano i draghi/mostri come protagonisti.

D. ELABORAZIONE

La parola "tradimento" può significare:

- L'atto e il fatto di venire meno a un dovere.
- L'azione dannosa compiuta nascondendo le proprie intenzioni contro persone.

   a. In base alle definizioni sopracitate, trovi delle affinità di significato con il racconto? Scambia le tue idee con il resto della classe.

1. **Il tradimento nella letteratura.**

   - Dante Alighieri nel Canto V dell'"Inferno" incontra Paolo e Francesca.

      a. Ricerca il passaggio relativo ai due innamorati, commenta ciò che hai letto e spiega in che cosa consiste il "tormento" di Francesca.

   - Lev Tolstoj, *Anna Karenina* è la storia di un'aristocratica russa sposata ad un funzionario del governo e del suo amore per il Conte Vronskij.

      b. Fai una ricerca e descrivi il "tradimento" di cui si parla.

   - Gustave Flaubert, *Madame Bovary* è la storia di Emma, sposata al dottor Bovary, e dei suoi amori adulteri.

      c. Fai una ricerca e descrivi il "tradimento" di cui si parla.
      d. Prepara una breve descrizione di uno o entrambi i testi sopracitati e paragonali al racconto "Draghi." Da che cosa sono accomunati? Scegli dalle seguenti possibilità e poi spiega la tua scelta.

   - Fiducia
   - Ipocrisia
   - Coraggio
   - Tradimento

- Adulterio
- Amore
- Lealtà

2. **Il matrimonio nell'arte.**
   - Raffaello, *Sposalizio della Vergine*.
   - Bruegel, *Il matrimonio contadino*.
   - Watteau, *Le contrat de mariage (Il contratto di matrimonio)*.

     a. Secondo te, perché questi artisti si interessano del matrimonio?

3. **Il matrimonio nell'opera lirica.**
   - Mozart, *Le nozze di Figaro*.

     a. Ricerca quest'opera e discuti la trama in classe. Che significato hanno le nozze?
   - Donizetti, *Lucia di Lammermoor*.

     b. Matrimonio e tradimento. Ricerca quest'opera e prepara una presentazione sul tema dell'opera.

E. REVISIONE GRAMMATICALE

1. **Inserisci gli *articoli determinativi* o *indeterminativi*.**

   Qualche tempo dopo _____ allontanamento, leggendo _____ libro, ho scoperto che _____ episodio del genere esiste, quasi uguale, in decine di città. È _____ invenzione metropolitana. All'inizio ci sono rimasta male. Quella donna era diventata _____ mio mito personale e adesso scoprivo che era _____ protagonista di _____ leggenda. Poi ho deciso che non me ne importava niente. Per me _____ storia era vera e lei era vera. Forse tu riesci a capirmi. – Conosci _____ autore di nome Chesterton? – le ho chiesto.

2. **Completa con le *preposizioni semplici* o *articolate* (...) e(-)gli *avverbi*(___) che mancano. Scegli dalla lista che segue.**

   a – su – da – per – di – in

   pazzamente – anzi – sempre – dopo – così – spesso – molto

   Tempo fa, in aeroporto a Roma, ho incontrato una vecchia amica. Non viviamo ... stessa città e non ci vedevamo da tanto tempo. _____ abbiamo deciso ... andare ... un caffè ..... scambiarci qualche informazione ... quello che ci era accaduto ... ultimo decennio. Alcuni anni prima lei aveva conosciuto un tizio, se ne era innamorata _____ e in pochi mesi si erano sposati. Lui era simpatico, intelligente, _____ pieno di attenzioni; quasi troppo bello per essere vero. Infatti non era vero. _____ il matrimonio lui era cambiato ed era diventato ossessivo, geloso e violento, _____ trovava occasione ... offenderla e umiliarla in presenza ... persone che conoscevano. La sua vita era diventata _____ brutta, _____ era diventata un incubo, ma lei non poteva trovare il coraggio ... tirarsi fuori ... matrimonio.

3. **Spiega con parole tue che cosa significano le seguenti espressioni che si trovano nel testo.**

   a. Mi ha letto nel pensiero

    b. Ci sono rimasta male
    c. Era diventata il mio mito personale
4. **Coniuga i verbi delle frasi che seguono al tempo corretto dell'*indicativo passato* e rifletti sul loro uso.**
    a. La mia amica CONOSCERE _____ quel tizio qualche anno fa quando lei LAVORARE _____ in Europa.
    b. LORO-STARE _____ bene insieme ed ESSERE _____ felici.
    c. SPOSARSI _____ quasi subito, ma poi qualcosa SUCCEDERE _____.
    d. Il tizio COMINCIARE _____ a ritornare a casa tardi e spesso DIRE _____ che si sarebbe trattenuto in ufficio per questioni urgenti.
    e. Quando lei gli CHIEDERE _____ spiegazioni, lui ALZARE _____ la voce e la OFFENDERE _____.
    f. La mia amica non SENTIRSI-MAI _____ tanto umiliata e ne SOFFRIRE _____ molto.
    g. LORO-CONTINUARE _____ così per più di un anno, fin quando lei RIUSCIRE _____ a trovare il coraggio di uscire dal matrimonio.
5. **Completa con i *pronomi oggetto diretto, indiretto, riflessivo, ci,* o *ne*.**

L'altro ieri ho incontrato una mia vecchia amica che _____ ha detto di aver conosciuto un uomo e di esser_____ innamorata, e nel giro di pochi mesi _____ aveva sposato. All'inizio lui era simpatico e pieno di attenzioni, ma dopo il matrimonio la situazione era cambiata. L'uomo era diventato possessivo e violento e spesso _____ umiliava davanti agli amici. Lei avrebbe voluto parlar_____ e chieder_____ del perché del suo cambiamento, ma non _____ riusciva. La sua vita era diventata un incubo. Voleva uscire da quella situazione, ma non _____ era capace, finché un giorno una sua collega _____ raccontò una storia accaduta a una ragazza. La storia _____ impressionò moltissimo e _____ aiutò a tirar_____ fuori dalla trappola in cui era caduta.

Approfondimento di riflessione

- Letteratura: G.K. Chesterton.
- Film: *Matrimonio all'italiana*, Vittorio De Sica; *Divorzio all'italiana*, Pietro Germi; *A Wedding* (*Un matrimonio*), Robert Altman.

Bibliografia

Alighieri, Dante. *La divina commedia*. 1308–1320.
A Wedding. Regia di Robert Altman. 20th Century Fox, 1978.
Bruegel, Pieter. *Il matrimonio contadino*. 1567–1568. Kunsthistorisches Museum, Vienna.
Divorzio all'italiana. Regia di Pietro Germi. Lux Film, 1961.
Lucia di Lammermoor. Gaetano Donizetti, 1835.
Matrimonio all'italiana. Regia di Vittorio De Sica. Interfilm, 1964.
Flaubert, Gustave. *Madame Bovary*. Paris: Michel Lévy Frères, 1857.
Le nozze di Figaro. Wolfgang Amadeus Mozart, 1786.
Pete's Dragon. Regia di Don Chaffey. Buena Vista Distribution, 1977.
Sanzio, Raffaello. *Sposalizio della Vergine*. 1502–1504. Pinacoteca di Brera, Milano.
Tolstoj, Lev. *Anna Karenina*. New York: Crowell & Co, 1886. Prima edizione inglese.
Watteau, Jean Antoine. *Le contrat de mariage*. 1712–1713. Museo del Prado, Madrid.

UNITÀ 3
ARIA DEL TEMPO

A. INTRODUZIONE ALLE TEMATICHE DEL RACCONTO

- Fai delle anticipazioni sul contenuto del racconto in base al titolo.

1. Visione del film *Profumo di donna*, Dino Risi.

    a. Elenca i momenti salienti del film in cui l'odore viene menzionato per individuare situazioni, luoghi, e persone.
    b. È con il naso che cogliamo i tanti stimoli odorosi intorno a noi. Le piante, gli animali, i cibi, le persone. Ogni cosa emana un odore diverso e particolare. Descrivi la tua esperienza in proposito.

    c. A che cosa pensi quando senti un odore?
    d. Puoi descrivere/definire un odore con una parola?
    e. Puoi associare alcune persone che conosci a un odore/profumo? Spiega.

B. VOCABOLARIO INIZIALE

inaugurazione	*opening day-night*
scadente	inferiore
rinfresco	ricevimento
gergo	parlata colloquiale
olfatto	odorato
marce	*rotten*
percepiti	sentiti
vernissage	inaugurazione della mostra
presunto	probabile
varechina	*bleach*
refettorio	*dining hall*
stantio	vecchio
opprimente	soffocante
sacrestia	stanza nella chiesa per oggetti sacri
avevo fatto a botte	*I had a fight*
acquaragia	soluzione per pulire i pennelli
pastelli	colori
Coccoina e Vinavil	*brands of glue*
krapfen	*doughnut*
dolciumi	*sweets*
pongo	*playdoh*
sussidiario	libro scolastico
talco	*talcum powder*
sfornate	*baked*
caffè in chicchi	caffè non macinato

1. **Contestualizza le parole:** Sei nel campus dell'università. Scrivi un breve paragrafo in cui utilizzi almeno due parole della lista di vocabolario che hai appena studiato.

2. **Inserisci la parola giusta scegliendo tra quelle che seguono. Attenzione: Ci sono due parole in più nella lista!**

   pastelli – pongo – refettorio – puzzolenti – varechina
   stantio – sussidiario – uova – compagno – odori

   Quando cerco di immaginare gli _____ devo ricordarmi delle situazioni in cui li ho percepiti. Per esempio: la casa dei nonni e la _____ che usavano per pulire. Poi la mia scuola, il _____ dove mangiavo, il _____ e l'odore _____ della casa di un _____ di classe. Infine il _____ con cui creavo e i _____ con cui coloravo.

16 ARIA DEL TEMPO

3. **Dall'aggettivo forma il sostantivo astratto come nell'esempio. Poi con ognuno di essi scrivi una frase completa.**

   a. bello → *la bellezza*
   b. serio
   c. giovane
   d. tenace
   e. caldo
   f. piacevole
   g. solo
   h. sgradevole
   i. breve
   l. potente

C. DOPO LA LETTURA

1. **Associa le parole della colonna A con le parole della colonna B con cui sembrano più strettamente in relazione.**

   A
   a. inaugurazione
   b. acquaragia
   c. dolciumi
   d. olfatto
   e. Coccoina
   f. panificio
   g. refettorio

   B
   h. focaccia
   i. scuola
   l. Vinavil
   m. galleria d'arte
   n. pennelli
   o. puzzo
   p. merendine

   Nota esplicativa
   Perifrasi: Un giro di parole che si usa per evitare di esprimere direttamente un concetto. Esempio: Odore di terra prima della pioggia.

2. **Scrivi alcune parole che associ per significato/situazione alle espressioni date.**

   Esempio: La memoria olfattiva → gli odori, il naso

   a. una galleria d'arte
   b. mi siedo in poltrona
   c. la mia scuola elementare
   d. i pennelli dopo aver dipinto
   e. il negozio di giocattoli
   f. il primo giorno di scuola
   g. la pasta al forno
   h. il profumo del freddo

3. **Domande di comprensione del testo ed espansione.**

   a. Qual è il titolo della conferenza all'inaugurazione della galleria d'arte?
   b. A tuo parere, il titolo è importante? Spiega.
   c. Che cosa descrive nei particolari il narratore?
   d. Perché il narratore parla di sua madre?
   e. È possibile sapere dove è geograficamente ambientato il racconto? C'è qualche riferimento a un luogo specifico?
   f. C'è qualcosa che il narratore ricorda con nostalgia?
   g. A cosa si riferisce il titolo "Aria del tempo?"
   h. Quali sono, secondo te, le parole chiave del racconto? Individuane almeno due e giustifica la tua scelta.

i. Rifletti sui flash back che si trovano nel racconto e sul tipo di scrittura che Carofiglio usa. Fai riferimento al testo per avvalorare la tua risposta.

4. **Scrittura.** Scrivi una composizione in cui rifletti sull'importanza della memoria che richiama eventi del passato.

5. **Presentazione orale.** Prendendo spunto dal racconto di Carofiglio, preparati a descrivere come un odore ti ha fatto ricordare un evento o una persona del passato.

D. ELABORAZIONE

1. **Gli odori e le esperienze.**
    a. Elenca gli odori che ti fanno ricordare alcuni momenti della tua vita passata e spiega perché.
    b. Cerca nel racconto le parole che puoi collegare a cibo, profumi e pulizia.
    c. Cerca nel racconto le parole che associ a odori sgradevoli e odori gradevoli.
    d. Spiega le seguenti espressioni con parole tue.
        - Memoria olfattiva
        - Potenza evocativa
        - Presunta esperienza

2. **Lo zucchero filato.**
    a. Che cosa ti ricorda?
    b. A che cosa lo associ?
    c. Intervista i tuoi compagni di classe e prepara una lista delle situazioni e/o luoghi in cui appare lo zucchero filato.
    d. Confronta le situazioni dei tuoi compagni con le tue.

3. **La tradizione gastronomica.**
    - La pasta e fagioli
    - La pasta al forno
        a. Due piatti famosi della cucina italiana. Li conosci?
        b. Cerca le ricette e spiega come si preparano e quali ingredienti servono. Prepara una presentazione con un/a compagno/a.

4. **Il sussidiario.**
    a. A che cosa serve? Quando/come si usa?
    b. Trova la spiegazione della parola e con un/a compagno/a prepara degli esempi per una breve presentazione.

5. **Il vino.**
    - Il Prosecco
        a. È un vino tipico di quale regione italiana?
        b. Prepara una presentazione su questo vino italiano ed elenca le marche più conosciute anche nel tuo paese.

18 ARIA DEL TEMPO

6. **La Fiera del Levante.**
   a. Che cos'è e dove si tiene?
   b. Prepara un itinerario della Puglia.

7. **Gli odori nella letteratura.**
   - Gianni Rodari, "Gli odori dei mestieri."
     a. Trova e leggi la poesia sopraelencata e commentala.
     b. E la tua nonna? Che profumo ha/aveva? Che profumo c'è/era a casa sua? Prepara una lista e confrontala con quella di un/una compagno/a.

E. REVISIONE GRAMMATICALE

1. *Comparativi* di maggioranza, minoranza, e uguaglianza.
   Crea dei paragoni con *più di/più che, meno di/meno che, tanto quanto, così come*.

   Esempi: → *La naftalina è tanto forte quanto la varechina.*
   Il cibo gelato è più caro che buono.

   Aggettivi utili: buono – forte – prelibato – cattivo – duro – caro – diverso

   a. zucchero filato – cornetto
   b. passata di pomodoro – pasta al forno
   c. sigaretta – dopobarba
   d. focaccia – merendine con la glassa
   e. plastica – cartone
   f. odore di erba tagliata – puzza di uova marce
   g. acquaragia – cera pongo
   h. cibo gelato – prosecco caldo

2. *Aggettivi, comparativi, e superlativi*. Scrivi le forme mancanti come nell'esempio.

	AGGETTIVO	COMPARATIVO DI MAGGIORANZA	SUPERLATIVO RELATIVO	SUPERLATIVO ASSOLUTO
a.	**buono**	migliore	**il migliore**	**ottimo**
b.	_____	peggiore	_____	_____
c.	_____	_____	_____	tenacissima
d.	scuro	_____	_____	_____
e.	_____	_____	la più potente	_____
f.	_____	_____	_____	brevissimo
g.	forte	_____	_____	_____

3. Inserisci le *congiunzioni* mancanti scegliendo tra quelle che seguono.

   anche – ma – perché – che – se – come – e – poi – con – quindi

   Se vogliamo menzionare un odore dobbiamo utilizzare le figure retoriche _____ quasi nessuno riesce a immaginare un odore. _____ Carofiglio, con parole chiare, ci dice _____ fare. Bisogna _____ si ricreino nella nostra mente le condizioni in cui abbiamo percepito gli odori. È necessario iniziare con odori forti _____ non piacevoli. Iniziamo con l'odore della varechina, _____ immaginiamo l'odore della naftalina, _____ pensiamo alla focaccia. Improvvisamente sentiamo il profumo delle persone _____ dei luoghi. Per un tempo breve ci sentiamo come _____ fossimo vicini a quelle persone.

4. **Riscrivi il seguente brano al *passato*. Poi rifletti sull'uso dell'imperfetto e del passato prossimo.**

"D'un tratto si apre uno squarcio nel tempo e sento – *sento* davvero, da farmi scoppiare il cuore – il profumo del freddo e della giacca di pelle di mamma appena tornata a casa da scuola. La sua faccia è liscia e giovane. Ha i capelli scuri, è bella e seria e un po' malinconica. Ho gli occhi sempre chiusi, ma vedo e sento tutto e l'aria dentro di me è tersa. Per un tempo brevissimo e infinito mia madre e io siamo lì, insieme" (*Passeggeri notturni*, 13).

5. **Rispondi correttamente usando *ci o ne* ed espandi dove richiesto.**
   a. Vai spesso all'inaugurazione di gallerie d'arte? Perché?
   b. Secondo te, disponiamo di parole dirette per definire gli odori? Spiega.
   c. Riesci frequentemente a ricordare le diverse condizioni in cui hai percepito gli odori?
   d. Nel racconto Carofiglio cita molti o pochi odori? Quali odori ti ricordi?
   e. Pensi spesso a quanto sia rara la capacità di immaginare un odore?
   f. Quando senti un odore, hai bisogno di molto tempo per riconoscerlo? Perché?
   g. Parli frequentemente degli odori della tua infanzia? Spiega.
   h. Credi a tutto quello che Carofiglio ha scritto a proposito degli odori? Perché?

Approfondimento di riflessione

- I ruolo dei cinque sensi: Olfatto – tatto – gusto – udito – vista.
- Letteratura: *Il naso*, Italo Calvino; *Conversazione in Sicilia*, Elio Vittorini; *L'odore del Novecento*, Luciano Trincia.

Bibliografia

Calvino, Italo. "Il naso." *Sotto il sole giaguaro*. Milano: Garzanti, 1986.
Profumo di donna. Regia di Dino Risi. Fida – Panarecord, 1974.
Rodari, Gianni. "Gli odori dei mestieri." *Filastrocche in cielo e in terra*. Torino: Einaudi, 1960.
Trincia, Luciano. *L'odore del Novecento*. Roma: Gangemi, 2011.
Vittorini, Elio. *Conversazione in Sicilia*. Milano: Bompiani, 1941.

UNITÀ 4
CALLIGRAFIA

A. INTRODUZIONE ALLE TEMATICHE DEL RACCONTO

- Se scrivo bene, posso rileggere senza fatica e studio meglio.

1. Rifletti sulla frase che hai appena letto e poi rispondi alle domande che seguono.

    a. Sei d'accordo che scrivere bene sia importante?
    b. Quante persone conosci che scrivono bene/male?
    c. Quando prendi appunti a scuola, li scrivi in un quaderno o al computer/tablet?

d. Ti piace la tua calligrafia?
e. Sei d'accordo? Bella grafia = eleganza e brutta grafia = disordine.
f. Secondo te, c'è differenza tra la calligrafia di un uomo e quella di una donna?
g. Pensi che non scrivere più a mano sia davvero una tragedia? Oppure solo un processo irreversibile da accettare, sapendo che la scrittura elettronica ha altri vantaggi? Esprimi le tue opinioni.

Curiosità
Calligrafia deriva dal greco kalòs = bello e grafé = scrittura. La scrittura occidentale nasce dai Fenici nel 1200 AC. Fu poi ampliata dai Greci-Etruschi e infine dai Romani dai quali derivano tutte le scritture occidentali.

B. VOCABOLARIO INIZIALE

alone	*halo*
detersivi	detergenti
spiritosi	divertenti/piacevoli
non è innocua	è tendenziosa/pericolosa
imputato	incriminato
pene	punizioni/condanne
grafia	calligrafia
sciatta	*sloppy*
tenerne conto	farci attenzione
elaborati	compiti
editoria	*publishing company*
stragrande	grandissima
elogi	*praise*
in vena di scherzi	per scherzare
case editrici	società che producono e distribuiscono libri
burla	*joke*
sedicente	chi si attribuisce una qualità che non ha
acerbo	non maturo
carente	mancante
era solito	aveva l'abitudine
attenersi	seguire

1. **Tra i verbi che seguono trova due sostantivi, uno femminile e uno maschile, come nell'esempio.**

    a. concentrare → *la concentrazione, il concentrato*
    b. raccomandare
    c. dimostrare
    d. presentare
    e. scrivere
    f. pubblicare

22 CALLIGRAFIA

2. Tra i seguenti gruppi di parole indica quella estranea come nell'esempio.

   a. riviste   giornali   settimanali **quaderni** mensili
   b. sensibili   spiritosi   belli   divertenti   intelligenti
   c. scienziati medici   psicologi   dentisti   commercianti
   d. romanzo   biografia   novella   racconto   poesia
   e. americano   polacco   toscano   inglese   turco
   f. temi   agenzie   soggetti   elaborati   proposte

C. DOPO LA LETTURA

1. Associa le parole della colonna A con quelle della colonna B con cui sembrano più strettamente collegate.

   A
   a. manoscritto
   b. case editrici
   c. correzioni
   d. elaborati
   e. articoli
   f. ricercatori
   g. ricerche

   B
   h. esperimento
   i. temi
   l. riviste
   m. pubblicazioni
   n. modifiche
   o. inedito
   p. studiosi

2. Contestualizza le parole: Scrivi un breve messaggio a una casa editrice a cui vuoi inviare un tuo manoscritto. Usa almeno tre parole dell'Esercizio 1.

3. La definizione giusta. Cerca nella lista dei vocaboli studiati nell'unità e fai l'esercizio che segue.

   Esempio: È una pagina scritta del giornale. → È un articolo.

   a. È uno scritto che non è ancora stato pubblicato.
   b. Sono parole molto belle nei confronti di un operato o di una persona.
   c. Non è una cosa/situazione seria.
   d. Sono le parole aggiunte ad un testo che ha errori.
   e. Sono persone che determinano la qualità di un operato o l'esposizione durante una prova.
   f. Sono persone che rallegrano le altre quando si è in compagnia.

4. Spiega con parole tue le seguenti espressioni che trovi nel testo e aggiungi degli esempi.

   a. Essere in vena di scherzi
   b. Essere solito/a

5. Domande di comprensione del testo ed espansione.

   a. Che cosa dimostrano gli esperimenti fatti?
   b. Perché la casa editrice non ha accettato il manoscritto la seconda volta?
   c. È possibile che un testo conosciuto, scritto da un autore famoso, non possa essere riconosciuto dagli esperti delle case editrici?

d. Nel racconto sono menzionati vari autori e compare una citazione di W. Somerset Maugham. Perché pensi che Carofiglio usi le citazioni? È un'indicazione di saccenteria, un indizio per capire meglio il narratore, o che cos'altro?
   e. A tuo parere, presentarsi bene dà un vantaggio nella vita? Spiega.
   f. Se tu volessi scrivere un romanzo, di che cosa parleresti?
   g. Quali sono, secondo te, le regole per scrivere un romanzo di successo?

6. **Scrittura.** Esprimi le tue osservazioni sul racconto. Includi brevemente di cosa parla, se lo hai trovato interessante o no e perché, e se c'è un messaggio che Carofiglio vuole darci.

7. **Presentazione orale.** Crea un poster che rappresenti il tema dell'unità e preparati a presentarlo e giustificare l'efficacia delle immagini e/o parole.

D. ELABORAZIONE

1. **Calligrafia e computer.**
   - Il computer non è solo uno strumento di lavoro ma è entrato in modo predominante nella vita quotidiana, vedi l'uso di tablet, smartphone, ed altro. Nel corso degli anni, esso ha sostituito l'uso di carta e penna.
     a. Scrivi gli aspetti positivi delle due categorie:
        → Carta e penna
        → Computer/tablet/smartphone
   - Lo sapevi? Steve Jobs, quando ha deciso di lasciare l'università (Reed College, Portland, Oregon), ha frequentato un corso di calligrafia che poi si è dimostrato fondamentale per il suo futuro di informatico.
     b. Ricerca l'esperienza di Steve Jobs con la calligrafia e i computer Apple.
   - All'Università di Stanford nel 2005, durante il *commencement* Steve Jobs ha fatto riferimento alla calligrafia.
     c. Ricerca il suo discorso ed elencane i punti salienti.

2. **Gli autori e i romanzi che sono citati nel racconto e il film di Valerio Zurlini.**
   - Jerzy Kosiński, *Steps* (*Passi*).
     a. Fai una ricerca sull'autore e il romanzo e prepara una presentazione per la classe.
   - Dino Buzzati, *Il deserto dei tartari*.
   - Valerio Zurlini, film omonimo.
     b. Chi è Dino Buzzati?
     c. Prepara una presentazione per la classe su *Il deserto dei tartari* con immagini anche dal film di Zurlini.

- W. Somerset Maugham, scrittore-drammaturgo inglese.

　　d. Carofiglio afferma che W. Somerset Maugham aveva tre regole infallibili per scrivere un romanzo, tuttavia nessuno sapeva quali fossero. Rifletti su questa affermazione e confronta le tue idee con il resto della classe.

E. REVISIONE GRAMMATICALE

1. Inserisci l'*aggettivo* o il *pronome indefinito* corretto. Scegli tra le forme date.

   alcuni – parecchi – qualcosa – qualche – vari – nessuno – ogni – molte – altro – tutte

   L'effetto alone riguarda _____ persone. _____ anni fa un gruppo di psicologi fece un esperimento: i compiti di un esame furono scritti in doppia copia e consegnati a _____ gruppi di esaminatori. La prima copia era scritta in bella grafia, la seconda no. _____ dei voti assegnati ai compiti in bella grafia furono più alti rispetto ai voti assegnati ai compiti scritti con una grafia poco elegante o trascurata. Un _____ esperimento si è rivelato ancora più preoccupante. Gli articoli pubblicati da ricercatori importanti furono copiati con _____ modifica e mandati alle stesse riviste con _____ le firme di ricercatori sconosciuti. _____ rivista respinse gli elaborati perché considerati mediocri. _____ era riuscito a capire l'importanza degli articoli ricevuti o, tantomeno, che ci fosse _____ di strano.

2. Scrivi il *contrario* delle parole in corsivo e poi completa le frasi liberamente.

   a. la *prima* copia era in *bella* grafia…
   b. i *belli* sono considerati *intelligenti*, *sensibili* e *spiritosi*…
   c. una grafia *elegante*…
   d. gli articoli nella *maggioranza* furono considerati *mediocri*…
   e. il testo era descritto come *acerbo*, *poco* letterario, con stile *carente*…
   f. un racconto piuttosto *famoso* e *celebrato*…

3. La *frase passiva*. Modo indicativo. Trasforma le seguenti frasi passive in frasi attive. Attenzione al tempo del verbo!

   *Esempio: Gli articoli furono respinti. → La casa editrice **respinse** gli articoli.*

   a. Il racconto "*Calligrafia*" è/viene letto dagli studenti.
      Gli studenti …
   b. Il racconto è stato scritto da Gianrico Carofiglio.
      Gianrico Carofiglio …
   c. I belli vengono assolti molto più facilmente.
      La gente …
   d. I compiti dell'esame sono stati scritti in doppia copia.
      Le persone …
   e. Gli stessi temi furono presentati con firme maschili e femminili.
      Gli scrittori …
   f. Il racconto era sempre respinto dagli editori.
      Gli editori …

g. Il racconto era già stato ricevuto da un'altra casa editrice.
Un'altra casa editrice …

h. Probabilmente un nuovo racconto sarà scritto da Carofiglio.
Probabilmente Carofiglio …

i. Alla fine dell'unità, la forma passiva sarà stata imparata alla perfezione dagli studenti.
Alla fine dell'unità, gli studenti …

4. **Trasforma le *frasi attive* in *frasi passive*.**

   *Esempio: Un tizio ricopiò a macchina il manoscritto. → Il manoscritto **fu ricopiato** a macchina da un tizio.*

   a. Una scrittrice ha messo in piedi un'analoga burla.
   b. La scrittrice ha pagato la somma richiesta.
   c. Anni fa un gruppo di persone realizzò un esperimento.
   d. Un altro esperimento ha avuto esito ancora più preoccupante.
   e. Gli elaborati con firme maschili ottennero sempre voti più altri.
   f. Tutti respinsero il manoscritto.
   g. Gli editori avevano considerato il manoscritto mediocre.
   h. Gli scrittori invieranno il manoscritto ad un'altra casa editrice.

Approfondimento di riflessione

- Film: François Truffaut, *L'enfant sauvage* (*Il ragazzo selvaggio*), *La chambre verte* (*La camera verde*), *L'histoire d'Adèle H* (*La storia di Adele H*).
- Edward Thorndike, psicologo e professore alla Columbia University, coniò il termine *halo effect* (*effetto alone*) nel suo studio sul giudizio/pregiudizio, non necessariamente corrispondente all'evidenza, sviluppato sulla base dell'interpretazione.
- Seb Lester: Designer londinese specializzato nella creazione di loghi (come Apple, Nike, e British Airways). Il suo obiettivo è quello di creare opere d'arte che possano esprimersi attraverso i caratteri tipografici con l'utilizzo dei mezzi digitali.

Bibliografia

Buzzati, Dino. *Il deserto dei tartari*. Milano: Rizzoli, 1940.
Il deserto dei tartari. Regia di Valerio Zurlini. Italnoleggio, 1976.
Kosiński, Jerzy, *Steps*. New York: Random House, 1968.
La chambre verte. Regia di François Truffaut. MK2 Films – United Artists, 1978.
Lester, Seb. (1972–).
L'enfant sauvage. Regia di François Truffaut. MK2 Films, 1970.
L'histoire d'Adèle H. Regia di François Truffaut. Les Films du Carrosse, 1975.
Maugham, W. Somerset. (1874–1965).
Thorndike, Edward. "A Constant Error in Psychological Ratings." *Journal of Applied Psychology*, 4, 25–29, 1920.

UNITÀ 5
ARTICOLO 29

A. INTRODUZIONE ALLE TEMATICHE DEL RACCONTO

1. Visione del film *A Single Man*, Tom Ford.

    a. Scegli una scena del film, presenta le tematiche e confrontale con la situazione del presente nel tuo paese.

2. Nel giugno del 2015 la Corte Suprema americana ha decretato la legittimità del matrimonio fra due persone dello stesso sesso.

    a. Qual è la tua opinione?
    b. Che cosa cambia nella società?
    c. Che cosa cambia nella vita privata delle persone?

B. VOCABOLARIO INIZIALE

parlamentare	membro del parlamento
ragazze mercenarie	ragazze che si prostituiscono
mi sfugge	non mi ricordo
non è mica	non è
cigni	*swans*
gabbiani	*seagulls*
anatre	*ducks*
che c'entra	che relazione ha
norma	regola di comportamento
rogo delle vedove	catasta di legno su cui si bruciano le vedove
vedove	donne a cui è morto il marito
non comportano danni	non danneggiano
accipicchia	*gosh*
gran figa	definizione denigratoria per "bella donna"
infibulazione	mutilazione dei genitali femminili
conduttore televisivo	presentatore di programma televisivo
palesemente	chiaramente
mi eccitano un casino	mi eccitano molto
tizio	*fellow*

1. Completa dove è possibile. Segui l'esempio.

	VERBO	AGGETTIVO	SOSTANTIVO	AVVERBIO
a.	riconoscere	**riconoscente**	**il riconoscimento**	**riconosciutamente**
b.	_____	_____	la frequentazione	_____
c.	_____	interessante	_____	_____
d.	ragionare	_____	_____	_____
e.	_____	_____	la condizione	_____
f.	_____	tradizionale	_____	_____

2. Individua la parola estranea come nell'esempio.

a.	ubriaco	sbronzo	brillo	**cigno**
b.	insomma	in breve	in arrivo	in conclusione
c.	dovrebbero	verranno	tradurreste	riconoscerebbe
d.	aspirina	sonnifero	antibiotico	dolcificante
e.	loggia	terrazza	finestra	balcone
f.	timore	fame	imbarazzo	rabbia

C. DOPO LA LETTURA

1. **Collega le parole della colonna A con quelle della colonna B con cui sembrano più strettamente collegate.**

   A
   a. politici
   b. aspirina
   c. conduttore
   d. automobili
   e. moglie
   f. coppia
   g. costituzione
   h. omosessuale

   B
   i. unione
   l. codice civile
   m. parlamentare
   n. antibiotici
   o. stesso sesso
   p. televisione
   q. aerei
   r. marito

2. **Scrivi delle parole che associ per significato/situazione ai termini dati.**

   Esempio: La sentenza → il tribunale, il giudice, l'avvocato

   a. la terrazza
   b. il parlamentare
   c. la costituzione
   d. la tradizione
   e. il conduttore televisivo
   f. la famiglia

3. **Domande di comprensione del testo ed espansione.**

   a. Qual è il tema principale del racconto?
   b. In quale città italiana si svolge la storia?
   c. Chi sono i protagonisti?
   d. Che cos'è l'articolo 29?
   e. Perché si parla dell'articolo 29?
   f. Che cosa succede quando parla il conduttore televisivo?
   g. Rileggi attentamente il racconto e individua le parti essenziali che ne fanno capire il contenuto. Confrontati con il resto della classe.
   h. Prepara una lista delle affermazioni dei protagonisti. Gira per la classe e chiedi ai tuoi compagni se sono d'accordo. Poi presenta una relazione alla classe.
   i. Con "Articolo 29" Carofiglio condivide con noi una lezione di civiltà. Sei d'accordo? Spiega.

4. **Scrittura.** Riassumi il racconto. Includi le parti essenziali precedentemente individuate e anche altri elementi che ritieni importanti per la comprensione della storia.

5. **Presentazione orale.** Prepara una presentazione su uno o più di uno degli argomenti menzionati nel racconto. Scegli dalla lista che segue.

   - Cannibalismo
   - Suicidio rituale
   - Rogo delle vedove
   - Infibulazione

D. ELABORAZIONE

1. **Il cannibalismo nella letteratura.**

   - *Sotto il sole giaguaro*, Italo Calvino. Il primo racconto del libro con il titolo omonimo, affronta il tema del cannibalismo.

     a. Leggi il breve racconto e analizza il tipo di cannibalismo presentato.

2. **Il suicidio nella letteratura.**

   - *Confessioni di una maschera*, Yukio Mishima. Romanzo semi-autobiografico. Storia dell'infanzia, adolescenza, e della omosessualità dell'autore. Yukio Mishima, pseudonimo di Hiraoka Kimitake, si suicidò nella maniera tradizionale giapponese, il seppuku. Il suicidio era premeditato e doveva rappresentare simbolicamente la morte non solo di un uomo, ma dell'ultimo esponente della cultura nipponica.

     a. Conosci il significato del suicidio in Giappone?

   - *Ultime lettere di Jacopo Ortis*, romanzo epistolare di Ugo Foscolo. La vicenda trae origine dal suicidio di Girolamo Ortis, uno studente universitario.

     b. Di che tipo di suicidio si tratta?

3. **Il rogo delle vedove nella letteratura.**

   - *L'India nel cuore*, Vittorio Russo.

     Con alcuni compagni l'autore visita templi e moschee, assiste a riti, e attraversa campagne e città dell'India.

     a. Fai una ricerca sul Sati, ossia il rogo delle vedove nella cultura indiana, poi spiega se, secondo te, il Sati è un esempio di virtù o un'usanza disumana.

4. **L'infibulazione nel cinema.**

   - *Fiore del deserto*, Sherry Hormann. Il film denuncia la pratica dell'infibulazione in Africa.

     a. Rifletti sulla pratica dell'infibulazione e condividi i tuoi pensieri con il resto della classe.

5. **L'omosessualità nella mitologia e nell'arte.**

   - *Ratto di Ganimede*, Correggio.
   - *Der Kuss (Il bacio)*, Peter Behrens.
   - *Civil Ceremony (Cerimonia civile)*, John Kirby.

     a. Ricerca le opere sopraelencate e presentandole analizza il tipo di omosessualità che rappresentano.

6. **L'omosessualità nel cinema.**

   a. Di seguito i titoli di alcuni film che trattano il tema. Scegli un film e analizzalo con un/a compagno/a.

   - *Le fate ignoranti,* Ferzan Özpetak.
   - *Morte a Venezia,* Luchino Visconti.
   - *Decameron,* Pier Paolo Pasolini.
   - *The Imitation Game,* Morten Tyldum.
   - *Call Me by Your Name (Chiamami col tuo nome),* Luca Guadagnino.
   - *God's Own Country (La terra di Dio),* Frances Lee.
   - *Brokeback Mountain (I segreti di Brokeback Mountain),* Ang Lee.

7. **L'omosessualità nella letteratura.**

   a. Scegli e rifletti su uno dei testi sottocitati.

   - *A Single Man,* Christopher Isherwood.
   - *Der Tod in Venedig (Morte a Venezia),* Thomas Mann.
   - *Decameron,* Boccaccio.
   - *Alan Turing: The Enigma (L'enigma),* Andrew Hodges.
   - *Call Me by Your Name (Chiamami col tuo nome),* André Aciman.

E. REVISIONE GRAMMATICALE

1. **Inserisci gli *articoli partitivi* e completa le frasi liberamente.**

   Esempio: C'erano <u>delle</u> persone interessanti e siamo restati fino a tardi.

   a. Al party c'erano _____ invitati noiosi ...
   b. Abbiamo mangiato _____ cibo mediocre ...
   c. Ho incontrato _____ signore molto eleganti ...
   d. Erano presenti _____ politici, _____ giornalisti, _____ scrittori, _____ gente di cinema ...
   e. Ci sono _____ motivi per cui le persone non possono sposarsi ...

2. **Adesso sostituisci gli *articoli partitivi* usati nell'Esercizio 1 con degli *aggettivi indefiniti*.**

   Esempio: C'erano <u>delle</u> persone interessanti. → C'erano alcune persone interessanti.
   C'era qualche persona interessante.

3. **Scrivi l'*indefinito* giusto scegliendo tra *qualche – ogni – alcuni/e – tutti – parecchi – molta/e*.**

   _____ politici e giornalisti romani si sono incontrati ad una festa. Hanno iniziato a parlare di una notizia interessante apparsa su _____ testate di giornali americani. Si trattava del diritto di matrimonio fra persone dello stesso sesso. Non _____ erano d'accordo e _____ persona ha espresso il suo parere. _____ parere era diverso e si è creata _____ confusione. Il dibattito era tra _____ cose considerate naturali e altre invece considerate non naturali. Sembra che _____ fossero d'accordo che il matrimonio dovesse essere solo fra sessi diversi.

4. **Il *periodo ipotetico*. Riscrivi seguendo l'esempio e in seguito rispondi liberamente.**

   Esempio: Due anziani possono sposarsi. (io-non immaginare) → *Non immaginavo che due anziani potessero sposarsi. Se lo avessi immaginato, non avrei fatto questa domanda.*

   a. La procreazione non c'entra. (loro-non sapere)
   b. Lei non capisce. (tu-non immaginare)
   c. La padrona di casa sembra in lieve imbarazzo. (lei-non pensare)
   d. Vicino a me c'è un noto conduttore televisivo. (io-non sapere)
   e. Comportamenti omosessuali sono diffusi fra molti animali. (noi-non credere)
   f. In Italia fino al 1975, la legge diceva che la moglie doveva obbedire al marito. (voi-non immaginare)

5. **Ancora il *periodo ipotetico*. Completa con il congiuntivo o il condizionale a seconda della necessità.**

   a. L'omosessualità aumenterebbe se …
   b. Due omosessuali si sarebbero sposati prima se …
   c. Il parlamentare non avrebbe questionato con la bella signora se …
   d. Se conoscesse la Costituzione …
   e. Se due omosessuali volessero sposarsi …
   f. Io avrei consigliato questo racconto ai miei amici se …

Approfondimento di riflessione

- Pier Paolo Pasolini, poeta, cineasta, scrittore, giornalista, sceneggiatore. Il rapporto con la propria omosessualità fu al centro del suo personaggio pubblico.
- Nel Codice Civile italiano del 1865 le donne non avevano molti diritti.
- Anche l'Italia ha una legge sulle unioni civili omosessuali.

Bibliografia

Aciman, André. *Call Me by Your Name*. New York: Farrar, Strauss and Giroux, 2007.
A Single Man. Regia di Tom Ford. The Weinstein Company, 2009.
Behrens, Peter. *Der kuss*. 1898. MoMA, New York.
Boccaccio. *Decameron*. Firenze: Giunti, 1353.
Brokeback Mountain. Regia di Ang Lee. Focus Features, 2005.
Call Me by Your Name. Regia di Luca Guadagnino. Sony Pictures Classics, 2018.
Calvino, Italo. *Sotto il sole giaguaro*. Milano: Garzanti, 1986.
Correggio. *Ratto di Ganimede*. 1531-1532 ca. Kunsthistorisches Museum, Vienna.
Decameron. Regia di Pier Paolo Pasolini. United Artists Europa, 1971.
Fiore del deserto. Regia di Sherry Hormann. Ahora! Film, 2009.
Foscolo, Ugo. *Le ultime lettere di Jacopo Ortis*. Milano: Genio Tipografico, 1802.
God's Own Country. Regia di Francis Lee. Orion Pictures, 2017.
Hodges, Andrew. *Alan Turing: The Enigma*. London: Burnett Books, 1983.
Isherwood, Christopher. *A Single Man*. New York: Simon & Schuster, 1964.
Kirby, John. *Civil Ceremony*. 2008. Collocazione non disponibile.
Le fate ignoranti. Regia di Ferzan Özpetek. Medusa Distribuzione, 2001.

Mann, Thomas. *Der Tod in Venedig*. Berlin: S. Fischer Verlag, 1912.
Mishima, Yukio. *Confessioni di una maschera*. Milano: Feltrinelli, 1964.
Morte a Venezia. Regia di Luchino Visconti. Dear International – Warner Home Video (Gli Scudi), 1971.
Pasolini, Pier Paolo. (1922–1975).
Russo, Vittorio. *L'India nel cuore*. Milano: Baldini & Castoldi, 2012.
The Imitation Game. Regia di Morten Tyldum. The Weinstein Company, 2014.

UNITÀ 6
UN ADDIO

A. INTRODUZIONE ALLE TEMATICHE DEL RACCONTO

1. Osserva e rifletti sul quadro *Gli addii*, Umberto Boccioni.

    - *Gli addii* fa parte del trittico *Stati d'animo* che include anche *Quelli che vanno* e *Quelli che restano*. Il quadro ha come soggetto delle persone che si salutano abbracciandosi sullo sfondo di un paesaggio ferroviario.

        a. Secondo te, in che modo Boccioni esprime lo stato d'animo, le emozioni, e i sentimenti delle persone che si trovano in una stazione e sono in procinto di partire e dirsi addio? Condividi le tue osservazioni con il resto della classe.

34 UN ADDIO

    b. Scegli i sinonimi di addio tra le parole della lista che segue, poi con ogni sinonimo scrivi una frase completa.

- La separazione
- L'incontro
- Il commiato
- Il distacco

    c. Addio, insieme a ciao, arrivederci, salute, e salve è anche una formula di saluto. Sai quando si usano? Puoi fare qualche esempio?
    A Farewell to Arms, il cui titolo italiano è *Addio alle armi*, è il romanzo di Ernest Hemingway che racconta la sua esperienza in Italia durante la prima guerra mondiale.

    d. Conosci il libro? Se sì, prova a dire che tipo di relazione ci potrebbe essere tra il romanzo di Hemingway e il racconto di Carofiglio.

B. VOCABOLARIO INIZIALE

cuccette	piccoli letti nelle cabine dei treni
scompartimento	una sezione di una carrozza del treno
mi sporgevo	*I was leaning out*
mi assopii	mi addormentai
fessure	*cracks*
scuri	*blinds*
sferragliare	rumore di macchine di ferro in movimento
a tratti	di tanto in tanto
si tramutarono	cambiarono
singhiozzi	pianti eccessivi con suoni acuti
sagoma	forma
smise	finì
dormiveglia	*half-sleep*
ingannevole	*deceiving*
scaltri	astuti
mi trattenni	*I refrained*
poggiato	messo

C. DOPO LA LETTURA

1. Abbina le parole della colonna A con i corretti sinonimi o spiegazioni della colonna B.

A		B	
a.	russare	m.	evitare
b.	sfogliare	n.	senza trasparenza
c.	cuccetta	o.	forma
d.	assopirsi	p.	respirare rumorosamente quando si dorme
e.	oscurità	q.	borsa
f.	sferragliare	r.	girare le pagine di un libro
g.	sagoma	s.	addormentarsi
h.	appannato	t.	lettino
i.	schivare	u.	assenza di luce
l.	sacca	v.	gran rumore di ferri prodotto da macchine

2. **Spiega con parole tue il significato delle seguenti frasi che si trovano nel testo.**

   - Mi preparavo a godermi un sonno indisturbato.
   - Le frasi si tramutarono in pianto.
   - Parevano il lamento di un animale.
   - Ero solo un passeggero nella notte.
   - Io caddi in un dormiveglia agitato.
   - Qualche amica di buone letture.

3. **Domande di comprensione del testo ed espansione.**

   a. Qual è l'argomento centrale del racconto? Spiega o scrivi in un foglio un breve riassunto e comincia con: Il racconto parla di … / L'argomento centrale del racconto è …

   b. Dividi il testo in quattro parti principali e ad ogni parte dai un titolo. Poi confrontati con il resto della classe per scegliere chi, con i quattro titoli dati, riassume meglio il contenuto del racconto.

   c. Cerca nel testo le parole o espressioni che si associano al treno. Poi pensa a quali vocaboli collegheresti tu con treno.

   d. Collega i seguenti aggettivi al narratore o alla donna e individua le parti del testo che ti portano a fare la scelta.

   - Curioso
   - Sofferente
   - Preoccupato
   - Sensibile
   - Malinconico
   - Triste
   - Affettuoso
   - Tenero

   e. Qual è, a tuo parere, lo stato d'animo della donna? Rileggi il paragrafo seguente, poi di' quali potrebbero essere i suoi sentimenti.

   "Stava raccontando di piccoli paesi silenziosi visitati chissà quando, di pomeriggi d'estate passati a giocare ai cinque sassi, come bambini di un altro mondo, del profumo di ginepro una mattina di aprile. E interrogava qualcuno che non c'era" (*Passeggeri notturni*, 21).

4. **Scrittura.**

   Immagina di essere in treno. Che cosa vedi dal finestrino? Descrivi il paesaggio nei dettagli e le sensazioni che la vista suscita in te.

5. **Presentazione orale.**

   Prepara una presentazione con immagini che rappresentino un addio. Puoi cercare nelle arti visive, nella letteratura, o nei giornali.

D. ELABORAZIONE

1. **Il treno.**
   - Il treno, simbolo del progresso, affascina lo scrittore futurista Filippo Tommaso Marinetti.
     a. Ricerca nel *Manifesto del Futurismo* la simbologia del treno e soffermati sulla descrizione che ritieni più significativa.

2. **Il treno e il cinema.**
   - *Stanno tutti bene*, Giuseppe Tornatore.
     a. Discuti del viaggio in treno del protagonista Matteo Scuro e rispondi alle seguenti domande.
        - Perché viaggia Matteo Scuro?
        - Dove viaggia?
        - Chi incontra nel viaggio?
        - Come finisce il suo viaggio?
     b. Immagina di trovarti in treno di notte. Nello scompartimento c'è un'altra persona che comincia a parlare e a lamentarsi da sola. Che cosa fai?
        - Le parli?
        - La consoli?
        - Non dici niente e l'ascolti?
     c. Commenta il seguente aforisma di Oscar Wilde: "One should always have something sensational to read in the train" (Bisogna sempre avere qualcosa di sensazionale da leggere in treno).

3. **Il treno e la pittura.**
   - *Rain, Steam and Speed – The Great Western Railway* (*Pioggia, vapore e velocità*), William Turner.
   - *La Gare Saint-Lazare* (*La stazione di Saint-Lazare*), Claude Monet.
   - *Treno partorito dal sole*, Fortunato Depero.
     a. Scegli uno dei quadri sopraelencati e presentalo in classe.

4. **La poesia.**
   a. Qual è il messaggio della poesia che è nel racconto? Scegli tra le affermazioni che seguono e spiega il perché della tua scelta. Puoi anche dare una tua interpretazione della poesia.
      - È importante non trascorrere la vita in modo passivo.
      - La poesia è una riflessione sul significato della vita.
      - Bisogna essere generosi con i propri sentimenti e non approfittare degli altri.
   b. Secondo te, quanto è importante questa poesia nel contesto del racconto? Perché Carofiglio la cita?

c. Fai una breve ricerca sul poeta Angelo Maria Ripellino, autore della poesia che è nel racconto. Trova dove è nato, dove è vissuto, che cosa ha scritto, e altre informazioni che ritieni importanti.
d. Paragona brevemente il viaggio in treno fatto dal narratore di Carofiglio con quello del protagonista della poesia "Congedo del viaggiatore cerimonioso" di Giorgio Caproni, individuando le somiglianze e le differenze.
e. Il viaggio è un tema universale nella letteratura. Da Omero (*Odissea*) a Marco Polo (*Il Milione*), da Dante Alighieri (*La divina commedia*) a Jonathan Swift (*Gulliver's Travels, I viaggi di Gulliver*) e a Italo Calvino (*Le città invisibili*), il tema del viaggio accompagna l'immaginazione degli scrittori. Approfondisci l'opera di uno degli autori menzionati.

E. REVISIONE GRAMMATICALE

1. *Indicativo passato*. Il tempo verbale prevalente nel racconto è il passato (passato remoto, imperfetto, e passato prossimo). Discuti con l'insegnante della loro funzione all'interno della narrazione.

2. **Riscrivi al *presente indicativo* e *congiuntivo* i primi due paragrafi del racconto. L'esercizio è avviato.**

   Da molti anni **prendo** il treno …

3. **Coniuga i verbi tra parentesi all'*imperfetto* o al *passato prossimo*, a seconda della necessità.**

   Il viaggiatore di Carofiglio (avere) _____ l'abitudine di viaggiare in treno. Un giorno (sedersi) _____ in uno scompartimento che (essere) _____ vuoto. Poco dopo (entrare) _____ una donna e il viaggiatore (avere) _____ il timore che il suo viaggio non potesse più essere tranquillo. Durante la notte (lui-sentire) _____ parlare la donna da sola, e (cominciare) _____ ad ascoltarla. Quando (rendersi conto) _____ che la donna (lamentarsi) _____ e (piangere) _____ avrebbe voluto aiutarla, ma non (sapere) _____ cosa fare. Dopo un po' (lui-addormentarsi) _____ e la mattina successiva (vedere) _____ che la donna (dormire) _____ e non (volere) _____ disturbarla, e in silenzio (lui-scendere) _____ dal treno.

4. **Contestualizza le parole: Sei in treno. Scrivi il *contrario* delle parole sottolineate e completa le frasi liberamente.**

   Esempio: Ho preso il treno di notte. → *Ho preso il treno di giorno per poter osservare il panorama.*

   a. I passeggeri non erano né gradevoli né silenziosi.
   b. Nel migliore dei casi parlavano.
   c. Il vagone era vuoto.
   d. Prima che partisse il treno.
   e. Non potevo essere tanto fortunato.
   f. Un uomo grasso col naso chiuso.
   g. Uomo mio bellissimo.
   h. La signora smise di piangere.
   i. Non era troppo facile.
   l. Tanti mesi fa.

5. **Riscrivi al *plurale* le parti sottolineate.**

   a. "Mi sistemai al mio posto al terzo piano e mi preparavo a godermi un sonno indisturbato" (*Passeggeri notturni*, 20).
   b. "Non potevo essere tanto fortunato, mi dissi mentre mi sporgevo per capire chi fosse il nuovo arrivato" (Ibid., 20).
   c. "Il treno ripartì e riprese il suo sferragliare ritmico, a tratti rabbioso" (Ibid., 21).
   d. "Mi domandai se scendere, dirle qualcosa, offrirle il mio aiuto" (Ibid., 21).
   e. "Una donna, che senza dire nulla si buttò sulla cuccetta due piani sotto di me" (Ibid., 20).
   f. "Amore mio, amore mio bellissimo, uomo mio bellissimo" (Ibid., 21).

Approfondimento di riflessione

- Letteratura: *Murder on the Orient Express* (*Assassinio sull'Orient Express*), Agatha Christie; *I treni che vanno a Madras*, Antonio Tabucchi; *Il treno ha fischiato*, Luigi Pirandello; *Doctor Zhivago* (*Il dottor Zivago*), Boris Pasternak.
- Film: *Il ferroviere*, Pietro Germi; *The Train* (*Il treno*), John Frankenheimer.

Bibliografia

Alighieri, Dante. *La divina commedia*. 1308–1320.
Boccioni, Umberto. *Stati d'animo: Gli addii*. 1911. MoMA, New York.
Calvino, Italo. *Le città invisibili*. Torino: Einaudi, 1972.
Christie, Agatha. *Murder on the Orient Express*. Glasgow: William Collins, 1934.
Depero, Fortunato. *Treno partorito dal sole*. 1924. Collocazione non disponibile.
Hemingway, Ernest. *A Farewell to Arms*. New York: Charles Scribner's Sons, 1929.
Il ferroviere. Regia di Pietro Germi. ENIC, 1956.
Marinetti, Filippo Tommaso. "Manifesto del Futurismo." *Le Figaro*. 20 Febbraio, 1909.
Monet, Claude. *La Gare Saint-Lazare*. 1877. Musée D'Orsay, Parigi.
Omero. *Odissea*. VI secolo A.C.
Pasternak, Boris. *Doctor Zhivago*. Milano: Feltrinelli, 1957.
Pirandello, Luigi. "Il treno ha fischiato." *Corriere della Sera*, 1914.
Polo, Marco. *Il Milione*. 1298.
Stanno tutti bene. Regia di Giuseppe Tornatore. Penta Distribuzione, 1990.
Swift, Jonathan. *Gulliver's Travels*. London: Benjamin Motte, 1726.
Tabucchi, Antonio. "I treni che vanno a Madras." *Piccoli equivoci senza importanza*. Milano: Feltrinelli, 1985.
The Train. Regia di John Frankenheimer. United Artists, 1965.
Turner, William. *Rain, Steam and Speed – The Great Western Railway*. 1844. National Gallery, Londra.
Wilde, Oscar. (1854–1900).

UNITÀ 7
CONFESSIONI 1

A. INTRODUZIONE ALLE TEMATICHE DEL RACCONTO

1. Tre artisti che rappresentano la confessione in tre modi diversi. Descrivi uno dei seguenti quadri e indica chi si confessa e che cosa potrebbe confessare. Spiega in che modo l'artista riesce nel suo obiettivo.

    a. *La confessione* di Giuseppe Molteni. Una giovane madre e moglie virtuosa rivela al confessore di aver ceduto alle adulazioni di un cugino.
    b. *Paysanne de Frascati au confessionnal* (*Al confessionale*) di Guillaume Bodinier rappresenta il lato spirituale di chi si avvicina alla confessione.

c. *La confessione* di Pietro (Falca) Longhi fa parte della serie di dipinti che rappresentano i sette sacramenti. Nonostante Longhi rappresenti una scena sacra, la situazione viene trattata in maniera nuova, mettendo in evidenza soprattutto aspetti della vita quotidiana legati al sacramento.

B. VOCABOLARIO INIZIALE

1. **Scegli i sinonimi corretti delle parole sottolineate.**

   a. reato — crimine, delitto, innocenza, infrazione
   b. magistrato — giudice, avvocato, pubblico ministero
   c. eventualità — caso, sicurezza, ipotesi, possibilità
   d. stuprato — abusato, violentato, brutalizzato
   e. ritrattazioni — riconferme, correzioni, revoche, rettifiche
   f. scagionati — discolpati, giustificati, scusati, accusati
   g. colpevole — criminale, innocente, imputato, reo
   h. addirittura — assolutamente, completamente, neppure, perfino
   i. perizia — accertamento, consulenza, valutazione
   l. rei confessi — onesti, criminali, delinquenti, innocenti
   m. spietati — atroci, benigni, brutali, violenti
   n. coercizione — costrizione, obbedienza, imposizione

2. **Identifica la parola che include tutte le altre.**

   Esempio: alba, tramonto, mattina, **giorno**, sera

   a. mesi, anni, settimane, ore, giorni
   b. cella, detenuto, sbarre, carcere, prigioniero
   c. tetto, finestra, casa, piano, terrazzo
   d. polizia, carabinieri, guardia di finanza, guardia costiera, vigile urbano
   e. aggettivo, frase, verbo, sostantivo, punto
   f. omicidio, rapina, furto, crimine, aggressione
   g. morto, martire, capro espiatorio, prigioniero, vittima
   h. umiliazione, femminicidio, violenza, bullismo, mortificazione

C. DOPO LA LETTURA

1. **Associa le parole della colonna A con le parole della colonna B con cui sembrano più strettamente collegate.**

   A
   a. esibizione
   b. interrogatorio
   c. omicidio
   d. carcere
   e. rapine

   B
   f. delitto
   g. furto
   h. investigatori
   i. prova
   l. penitenziario

2. **Inserisci la parola giusta scegliendo tra quelle che seguono. Attenzione, ci sono due parole in più nella lista!**

   *versione – qualche – colpevoli – crimini – prova – picchiato
   testimoniare – commesso – alcuni – carcere – raccontare*

È difficile pensare che le persone confessino i _____ che non hanno _____. A New York _____ ragazzi confessarono di aver aggredito e _____ una donna a Central Park. Poi cambiarono la loro _____ e dissero di essere stati forzati a _____. Ovviamente nessuno gli credette e andarono in _____. La _____ del DNA però confermò che non erano _____ del crimine.

3. **Domande di comprensione del testo ed espansione.**

   a. Chi sono le persone che confessano nel racconto?
   b. Che cosa confessano e perché lo fanno?
   c. Dove accadono gli eventi che confessano?
   d. Individua nel racconto le parole o espressioni che esprimono emozioni e definisci quali sono le emozioni che evocano.
   e. Sei d'accordo con Carofiglio quando scrive che "una confessione ottenuta con la violenza non dà nessuna garanzia di attendibilità" (*Passeggeri notturni*, 25)? Spiega.
   f. Hai letto di qualche storia o visto un film in cui si parla di false confessioni ottenute con la violenza? Racconta brevemente.

4. **Scrittura.**

   Crea un dialogo tra due persone in cui una confessa all'altra. Scegli tra le opzioni che seguono.

   - Confessione tra due personaggi pubblici
   - Confessione tra l'insegnante e lo studente
   - Confessione tra fratelli, sorelle, o amici

5. **Presentazione orale.**

   Fai un sondaggio tra i tuoi amici in cui chiedi quanto spesso confessano, che cosa confessano, e a chi confessano. Condividi i risultati con il resto della classe.

D. ELABORAZIONE

1. **La confessione nella letteratura.**

   a. Da Sant'Agostino ai tempi moderni, scrivere una confessione non ha sempre lo stesso significato. Fai una ricerca su una delle opere che seguono e preparati a scrivere una composizione o a fare una presentazione orale.

      - *Le confessioni* è il percorso di Sant'Agostino da peccatore a cristiano.
      - *A Silvia*, Giacomo Leopardi. La poesia è una confessione del poeta.
      - Исповедь (*La confessione*) di Lev Tolstoj racconta il percorso introspettivo vissuto dall'autore prima della morte.
      - *The Confession* (*La confessione*), John Grisham. Può un uomo colpevole salvare un innocente dalla sedia elettrica?

2. **La confessione e la musica.**

   a. John Lennon ha spesso usato la propria musica come mezzo per conoscersi meglio. Le sue liriche sono confessioni intime e personali. Fai una ricerca su una delle sue canzoni che tratta di questo argomento.

42 CONFESSIONI 1

  b. *Bohemian Rhapsody*, Queen. Qual è la confessione che il protagonista della canzone fa a sua madre?

  c. Il gruppo La Maschera, ne *La confessione*, canta di una pettegola che, sotto le vesti di un prete, racconta una confessione. Leggi il testo della canzone e spiega brevemente che cosa viene confessato nelle tre stanze e cosa è detto nei ritornelli.

3. **La confessione e l'arte.**

  a. Giuseppe Maria Crespi ha rappresentato l'aspetto spirituale della confessione. Descrivi, interpreta, e commenta i due seguenti quadri.

    • *I sette sacramenti: Confessione*
    • *Il Confessionale*

  b. Alberto Giacometti, artista italo-svizzero, era famoso per non essere mai contento delle sue opere, e spesso si "confessava" sui suoi limiti di artista. Ricerca l'intervista all'artista di Sergio Genni per la Radiotelevisione svizzera (30 ottobre 1963) e con un/a compagno/a discuti la sua "confessione."

E. REVISIONE GRAMMATICALE

1. **Forma l'*avverbio* dai seguenti aggettivi che trovi nel testo, poi prova a dedurne la regola.**

  Esempio: Duro → duramente

  a. difficile
  b. varie
  c. fisica
  d. vero
  e. incompatibile
  f. enorme
  g. intense
  h. illegale

2. **Riscrivi le frasi che seguono cambiando le parti sottolineate con un *sinonimo* o con *parole tue*. A volte è necessario fare altri cambiamenti nella frase.**

  a. "In seguito ritrattarono la confessione, dichiarando di essere stati indotti a renderla con forme varie di manipolazione psicologica e violenza fisica" (*Passeggeri notturni*, 23).

  b. "Qualche mese dopo una perizia tecnica stabilì che il suo DNA era incompatibile con quello trovato sulla scena del crimine e lui fu scagionato" (Ibid., 24).

  c. "È probabile che pure in quel caso fossero state messe in atto forme più o meno intense di coercizione psicologica" (Ibid., 25).

3. **Le *parole polisemiche* esprimono più di un significato e possono indicare sostantivi (S), aggettivi (Ag), verbi (V), o avverbi (Av). Nelle frasi che seguono, indica se le parole sottolineate sono S, Ag, V, o Av.**

   Esempi: Conoscere solo l'autore del crimine (*Av*).
   Ero solo al cinema (*Ag*).

   1. a. confessione resa da uno di loro
      b. è arrivata la resa dei conti
   2. a. che pure in quel caso
      b. le acque pure
   3. a. fossero state messe in atto
      b. il primo atto della commedia
   4. a. un vecchio poliziotto da cui ho imparato molto
      b. mangio molto formaggio
   5. a. non so esattamente cosa è successo prima
      b. la studentessa è la prima a finire l'esame
      c. viaggio sempre in prima classe
   6. a. identificazione del vero colpevole
      b. io dico sempre il vero
      c. è vero/sono veri

4. **Scegli l'*indefinito* corretto.**

   La convinzione che chi confessa *alcuni/qualche/tutti* reati ne sia veramente colpevole è molto diffusa anche tra *ogni/altrettanti/parecchi* magistrati. Tanti sono stati i casi in cui *qualcuno/qualsiasi/qualche* viene indotto a confessare con *vari/altri/pochi* tipi di manipolazione psicologica e violenza fisica, come accadde nel caso della "banda della Uno bianca" che terrorizzò l'Emilia Romagna. I suoi componenti confessarono *ogni/ciascuno/certo* loro delitto fra cui *troppe/diverse/chiunque* rapine per le quali non erano stati sospettati. È probabile che anche in quel caso siano state messe in atto *alcune/qualche/qualcune* forme di coercizione psicologica.

5. **Sostituisci la parte sottolineata con un altro *indefinito* suo sinonimo e apporta le necessarie modifiche quando necessario. Poi completa le frasi liberamente.**

   a. la convinzione che chiunque confessi un reato
   b. solo dopo molti anni di carcere
   c. con ogni probabilità
   d. per alcune di queste erano stati condannati dei ragazzi
   e. tanti anni fa

Approfondimento di riflessione

- Film: *True Confessions* (*L'assoluzione*), Ulu Grosbard; *Confessions of a Teenage Drama Queen* (*Quanto è difficile essere una teenager!*), Sara Sugarman; *Final Portrait* (*L'arte di essere amici*), Stanley Tucci.
- TV: *La confessione*, Peter Gomez.

Bibliografia

Bodinier, Guillaume. *Paysanne de Frascati au confessionnal.* 1826. Musée des Beaux-Arts, Angers.
Confessions of a Teenage Drama Queen. Regia di Sara Sugarman. Buena Vista Pictures, 2004.
Crespi, Giuseppe Maria. *Il Confessionale.* 1712. Staatliche Kunstsammlungen, Dresda.
_____. *I sette sacramenti: Confessione.* 1710. Gemäldegalerie, Dresda.
D'Ippona, Agostino. *Confessionum Libri XIII.* 397–398.
Giacometti, Alberto. (1901–1966).
Grisham, John. *The Confession.* New York: Doubleday, 2010.
La confessione. Conduttore Peter Gomez. Nove, 2017–.
La Maschera. "La confessione." *'O vicolo' e l'allerìa.* Full Heads, 2014.
Lennon, John. (1940–1980).
Leopardi, Giacomo. "A Silvia." *I Canti.* Napoli: Saverio Starita, 1835.
Longhi, Pietro (Falca). *La confessione.* 1750 ca. Galleria degli Uffizi, Firenze.
Molteni, Giuseppe. *La confessione.* 1838. Fondazione Cariplo, Milano.
Queen. "Bohemian Rhapsody." *A Night at the Opera.* EMI – Elektra, 1975.
Tolstoj, Lev. *La confessione.* Ginevra: M. Elpidine, 1884.
True Confessions. Regia di Ulu Grosbard. United Artists, 1981.

UNITÀ 8
CONFESSIONI 2

A. INTRODUZIONE ALLE TEMATICHE DEL RACCONTO

1. Visione del film *L'aveu* (*La confessione*), Costa-Gavras. Il film è un magnifico esempio visivo sulle pressioni inflitte su un individuo a confessare crimini che non ha commesso.

    a. Indica i sentimenti e le emozioni suscitati in te dalla visione del film.
    b. Rifletti sul linguaggio visivo del film.
    c. Quali episodi ti hanno particolarmente colpito e perché?
    d. Quali sono le caratteristiche principali del protagonista?
    e. A quale dei tuoi amici consiglieresti il film e perché?
    f. Estorcere una confessione è un atto illegale? Chiedi ai tuoi compagni che cosa ne pensano e discutetene insieme.
    g. Che cosa significa per te confessare?
    h. Che cosa si può confessare? A chi?
    i. Hai mai confessato qualcosa? Se sì, parlane brevemente rispondendo alle seguenti domande.

        - Che cosa hai confessato?
        - A chi?
        - Perché?
        - Hai avuto paura nel confessare?
        - Hai confessato tutto onestamente?
        - Quali sensazioni hai avuto dopo la confessione?

B. VOCABOLARIO INIZIALE

efficace	valido
sospettato	indiziato
indagato	persona investigata
un quadro di	uno spazio di
attenua	diminuisce
colpa	crimine
eventuali attenuanti	possibili diminuzioni della gravità
comporta	implica
legittimando	approvando
adeguatamente	bene
stupro	violenza sessuale
delitto	crimine
cariche	piene
scarcerazione	liberazione
appunto	precisamente
esauriente	soddisfacente
attenuanti	giustificazioni
sfumature	*nuances*
sommari	generici
munito	provvisto
nutrire	avere

1. Conosci un altro significato delle seguenti parole che hai appena studiato nel vocabolario?

    a. *Cariche* come sostantivo usato in senso figurato.
    b. *Sommari* come sostantivo.
    c. *Nutrire* usato in senso proprio.

2. Riempi con le parti mancanti.

	Participio Passato come Sostantivo	Infinito	Sostantivo
a.	_____	comporre	_____
b.	l'indagato	_____	_____
c.	_____	_____	la riduzione
d.	_____	comunicare	_____
e.	l'interrogato	_____	_____
f.	_____	_____	l'investigatore
g.	_____	mantenere	_____
h.	_____	scrivere	_____

C. DOPO LA LETTURA

1. Trova nel testo il sinonimo dei verbi che seguono. La lista è in ordine cronologico.

    a. stabilire
    b. capire

c. mettere
   d. trasferire
   e. diminuire
   f. usare
   g. anticipare
   h. notare

2. **Domande di comprensione del testo ed espansione.**

   a. Di che cosa parla il racconto? Scegli dalla lista che segue e motiva la tua scelta.

      - Importanza di usare le parole corrette
      - Importanza di vedere le cose da più punti di vista
      - I dubbi che in ogni momento mettono in discussione le nostre certezze
      - I metodi più efficaci per ottenere una confessione
      - Altro

   b. Carofiglio descrive quattro passaggi fondamentali per ottenere una confessione corretta da un imputato. Riassumili brevemente cominciando con i seguenti verbi.

      - Occorre
      - Bisogna che
      - È necessario che
      - Bisogna

   c. Nel racconto l'autore si sofferma sull'importanza delle parole giuste da usare durante un'interrogazione, insistendo sulla scelta di vocaboli neutri dal punto di vista emotivo, mentre da evitare sono le parole altamente emozionali, come stupro, omicidio, morto, delitto. Quali emozioni possono esprimere queste ultime?

   d. Già in *Con parole precise. Breviario di scrittura civile*, Gianrico Carofiglio ci ricorda che non è possibile pensare con chiarezza se non si è capaci di parlare e scrivere con chiarezza. Si sofferma sulla necessità di parole precise e dirette per avere una comunicazione trasparente e veritiera che è poi il presupposto indispensabile per una sana democrazia. Leggi e commenta il paragrafo che segue.

      "Le società vengono costruite e si reggono, per Searle, essenzialmente su una premessa linguistica: sul fatto, cioè, che formulare un'affermazione comporti un impegno di verità e di correttezza nei confronti dei destinatari. Non osservare questo impegno mette in pericolo il primario contratto sociale di una comunità, cioè la fiducia in un linguaggio condiviso"

      (*Con parole precise*, 3)

3. **Scrittura.**

   Che cosa hai imparato dalla lettura del racconto e che cosa hai trovato interessante per la tua riflessione sull'argomento?

4. **Presentazione orale.**

   Immagina un'intervista a Gianrico Carofiglio sulla genesi di questo racconto.

D. ELABORAZIONE

1. **La confessione nella letteratura.**
   - *Les Confessions* (*Le confessioni*), Jean-Jacques Rousseau. Nella prima novella della prima giornata del *Decameron*, Giovanni Boccaccio ci descrive la confessione di Ciappelletto. *Le confessioni di un italiano*, Ippolito Nievo. *La confessione*, Mario Soldati. *The 8th Confession* (*L'ottava confessione*), James Patterson.
     a. Fai una ricerca su uno dei testi sopracitati o su un altro di tua preferenza che abbia come tema la confessione.

2. **La confessione nel cinema.**
   - *Le confessioni*, Roberto Andò.
   - *The Confession* (*La confessione*), David Hugh Jones.
   - *La confession* (*La confessione*), Nicolas Boukhrief.
     a. Ricerca uno dei film sopracitati e preparati a fare una presentazione orale.

E. REVISIONE GRAMMATICALE

1. **Scegli il *connettivo* corretto.**
   a. L'investigatore fa percepire all'indagato di capire le sue azioni, *ossia/oppure/inoltre* di comprendere il contesto che ha determinato il gesto criminale.
   b. La proiezione delle responsabilità è importante *prima che/dato che/in modo che* serve a far superare la resistenza del sospetto.
   c. È indispensabile usare parole neutre, *dunque/eppure/cioè* parole neutre dal punto di vista emotivo.
   d. Ma non bisogna fare promesse che non si possono mantenere, *perché/come/infatti* anticipare una pena minima.
   e. La scelta delle parole giuste è importante *quindi/perciò/in quanto* facilita una comunicazione trasparente.
   f. Bisogna far capire che una confessione sincera può garantire molti benefici, *tuttavia/senza che/sebbene* non garantisce un'immediata scarcerazione.

2. **Scrivi i *contrari* degli aggettivi in corsivo e poi completa le frasi liberamente.**
   a. Il modo *corretto* e più *efficace*.
   b. Le frasi *cariche* dal punto di vista emozionale.
   c. Le molte conseguenze *indistinte* e *paurose*.
   d. Una confessione che è *sincera* ed *esauriente*.
   e. Molti giudizi *sommari*.
   f. Bisogna sempre offrire *onesti* incentivi alla confessione.

3. *Congiuntivo presente* e *imperfetto*. **Riscrivi il paragrafo con il verbo sottolineato al congiuntivo presente e poi imperfetto, e fai altri cambiamenti quando necessari. L'esercizio è avviato.**

È fondamentale <u>creare</u> un piano di comunicazione e <u>istituire</u> un rapporto con il sospettato. Inoltre, bisogna <u>spostare</u> psicologicamente parte delle responsabilità su un'entità esterna. È indispensabile <u>essere</u> molto chiari e <u>usare</u> espressioni il più possibile neutre e non bisogna certo <u>fare</u> promesse che non è possibile mantenere.

   a. È fondamentale che tu …
   b. Era fondamentale che tu …

4. *Congiuntivo trapassato*. **Riscrivi il paragrafo dell'Esercizio 3 con il congiuntivo trapassato. L'esercizio è avviato.**

   a. Era fondamentale che noi …

5. **Riformula le frasi usando un *pronome relativo*.**

   Esempio: Ha successo l'investigatore quando le sue domande sono brevi e chiare. → Ha successo l'investigatore le cui domande sono brevi e chiare.

   a. Mi piacciono i processi quando le interrogazioni sono veloci.
   b. Si devono adoperare parole come fatto, incidente, episodio. Il significato di queste parole è più neutro.
   c. L'investigatore parla con il sospettato. Fa molte domande al sospettato.
   d. A volte ci sono sospettati insignificanti, ma la loro vita personale è molto interessante.
   e. L'investigatore ascolta molte risposte. Si serve delle risposte per accertarsi della colpevolezza o innocenza del sospettato.
   f. Secondo Carofiglio, il metodo corretto per interrogare un sospettato si compone di quattro passaggi. L'autore si sofferma sui quattro passaggi in questo racconto.
   g. È importante mettere in atto i quattro passaggi se i loro enunciati sono chiari e precisi.
   h. Le parole giuste sono "pistole cariche." Si comunica più efficacemente con queste parole.

6. **Completa con il corretto *pronome relativo*. Scegli tra quelli dati.**

   in cui (3) – che (3) – per cui – da cui

   Il metodo corretto e più efficace per interrogare un sospettato e ottenere una sua confessione consiste di quattro passaggi _____ devono essere eseguiti correttamente. Il primo passaggio consiste nell'istituire un rapporto tra l'investigatore e il sospettato _____ ci sia una condizione di reciproco rispetto. Nel secondo passaggio l'investigatore deve far percepire all'indagato di capire le sue azioni _____, naturalmente, non vengono giustificate. Il terzo passaggio è il momento _____ si tende a spostare parte delle responsabilità su un'entità esterna all'indagato. Questa è una fase estremamente delicata _____ è necessario essere molto chiari sul fatto che non si sta legittimando l'accaduto, ma si sta cercando di collocarlo nel suo contesto. Nel quarto passaggio _____ si offrono onesti incentivi alla confessione, bisogna stare attenti a non fare promesse _____ non è possibile mantenere, tuttavia è necessario far capire che una confessione onesta, _____ è possibile ricostruire ciò che è accaduto, può garantire benefici come l'attenuazione della pena.

Approfondimento di riflessione

- Fotografia: La confessione del fotografo Peter Stewart con i suoi paesaggi senza photoshop.
- Opera lirica: Jago che rovina la vita di Otello; Lady Macbeth che rivela come ha convinto il marito ad uccidere il re di Scozia; Don Giovanni che si sbarazza del commendatore; Turandot che mette in atto il suo operato semplicemente per restare single.
- Letteratura: *L'aveu* (*La confessione*) di Artur London. Testo a cui si ispira il film di Costa-Gavras.

Bibliografia

Boccaccio, Giovanni. *Decameron*. Firenze: Giunti, 1353.
Carofiglio, Gianrico. *Con parole precise. Breviario di scrittura civile*. Roma-Bari: Laterza, 2015.
Don Giovanni. Wolfgang Amadeus Mozart, 1787.
L'aveu. Regia di Costantin Costa-Gavras. Valoria Films, 1970.
La confession. Regia di Nicolas Boukhrief. SND Films, 2016.
Le confessioni. Regia di Roberto Andò. 01 Distribution, 2016.
London, Artur, *L'aveu*. Parigi: Gallimard, 1968.
Macbeth. Giuseppe Verdi, 1847.
Nievo, Ippolito. *Le confessioni di un italiano*. Firenze: Le Monnier, 1867.
Otello. Giuseppe Verdi, 1887.
Patterson, James. *The 8th Confession*. Boston: Little, Brown and Company, 2009.
Rousseau, Jean-Jacques. *Les Confessions*. Paris: Cazin, 1782.
Soldati, Mario. *La confessione*. Milano: Garzanti, 1955.
Stewart, Peter. Fine arts travel photographer.
The Confession. Regia di David Hugh Jones. El Dorado Pictures, 1999.
Turandot. Giacomo Puccini, 1926.

UNITÀ 9
IL BIGLIETTO

A. INTRODUZIONE ALLE TEMATICHE DEL RACCONTO

1. Visione del film *Taken* (*Io vi troverò*), Pierre Morel.
    a. Riassumi brevemente il film.
    b. Descrivi le esperienze delle ragazze.
    c. Perché le ragazze hanno acconsentito ad andare con uno sconosciuto? Scegli tra le seguenti possibilità e giustifica la tua scelta.
        - Desiderio di novità
        - Irresponsabilità
        - Gioco da ragazzi
        - Ingenuità
        - Indipendenza

52 IL BIGLIETTO

    d. Quale relazione ci potrebbe essere tra il film e il racconto di Carofiglio?
    e. Pensi che la prostituzione sia esclusivamente una scelta della persona che la pratica?
    f. Ci sono degli interessi dietro la prostituzione?
    g. Hai mai sentito parlare dell'attività criminale "tratta degli umani?"
    h. L'uso di droghe può dare a chi le prende una forza brutale?
    i. A tuo parere, c'è un collegamento tra immigrazione e prostituzione?

B. VOCABOLARIO INIZIALE

puttane	prostitute
sei nei casini	hai tanti problemi
sorvegli	controlli
sbirri	poliziotti
rasoio	*razor*
lo implorano	*they beg him*
si pisciano addosso	*they pee in their pants*
scopata	atto sessuale
coca	cocaina
dà i brividi	fa paura
questo cazzo di …	*this fucking …*
intercomunicante	*communicating*
assopita	addormentata
si fruga	cerca
balbetta	pronuncia confusamente
occhi infossati	*sunken eyes*
guance sfregiate	*scarred cheeks*
che gli si strozza nella gola	soffocante

1. **Completa le frasi a tuo piacere.**

    a. Sono nei casini perché …
    b. Il mio gatto si è assopito sul divano …
    c. Mi frugo nelle tasche perché …
    d. Balbetto sempre quando …
    e. I ladri hanno paura degli sbirri perché …

C. DOPO LA LETTURA

1. **Associa le parole della colonna A con le parole della colonna B con cui sembrano più in relazione.**

A		B	
a.	sbirri	g.	carrozza
b.	vagone	h.	panico
c.	buio	i.	assopito
d.	stazione	l.	polizia
e.	faccia terrorizzata	m.	oscurità
f.	una dormita	n.	fermata

2. **Dal verbo forma il sostantivo come nell'esempio.**

    a. viaggiare → *il viaggio*
    b. guidare
    c. fermare
    d. correre
    e. implorare
    f. entrare
    g. ricordare
    h. camminare
    i. scomparire
    l. arrivare

3. **Secondo te, qual è il significato della seguente frase che si trova nel testo?**

    "A volte Casimer usa le mani, a volte il rasoio, altre volte ancora l'acido" (*Passeggeri notturni*, 29).

    Curiosità
    Nell'antichità si raccontavano storie di un predatore di nome Casimer.

4. **Domande di comprensione del testo ed espansione.**

    a. Di che cosa parla il racconto? Scegli dalla lista che segue e spiega il perché.

    - Violenza
    - Prostituzione
    - Droga
    - Potere
    - Inferno

    b. Chi è Casimer?
    c. Che mestiere fa Casimer?
    d. Perché Casimer non ha bisogno del biglietto?
    e. Perché la storia è ambientata in treno?
    f. Trova nel testo sostantivi e verbi che fanno capire la paura e il terrore di Casimer.
    g. La seconda parte del racconto è caratterizzata dalla insistenza su parole come buio, oscurità, ombra. Prova a darne una spiegazione.
    h. Pensi che Carofiglio sia riuscito a raccontare efficacemente questa storia? Sì, no, perché?
    i. Leggi ad alta voce la prima pagina del racconto e preparati a ricevere i commenti dei tuoi compagni. Fai attenzione che la pronuncia sia chiara e precisa.

5. **Scrittura.**

    Tratta di esseri umani, sequestro, trasporto, e alloggio al fine dello sfruttamento sono attività criminali. Legge del 16 marzo 2006. Ricerca questo fenomeno nel tuo paese e spiega se esiste e quali sono le conseguenze.

6. **Presentazione orale.**

    Trova una fotografia o un'immagine che rappresenti il tema di questa unità e preparati a presentarla in classe.

D. ELABORAZIONE

La prostituzione

1. **Arte.**
   - *Salon de la rue des Moulins* (*Al Salon di rue des Moulins*), Henri de Toulouse-Lautrec.
   - *Olympia*, *Le Déjeuner sur l'herbe* (*Colazione sull'erba*), Édouard Manet.
     a. Scegli uno dei quadri sopraelencati e spiega perché, secondo te, l'artista ha scelto di ritrarre le prostitute.

2. **Letteratura.**
   - *Un amore*, Dino Buzzati. Il protagonista si innamora di una prostituta frequentando una casa di appuntamenti.
   - *Kaputt*, Curzio Malaparte. Parla di un bordello militare in Moldavia dove si prostituiscono ragazze ebree per non essere deportate.
   - *Delitto e castigo*, Fëdor Dostoevskij. Sonja fa la prostituta per mantenere la famiglia e si innamora del protagonista che ha commesso un delitto.
   - *Resurrezione*, Lev Tolstoj. La protagonista è costretta a prostituirsi e viene accusata di omicidio.
     a. Scegli un romanzo, fai una ricerca sull'autore e sul romanzo, e discuti della scelta di parlare della prostituzione.

3. **Cinema.**
   - *Pretty Woman*, Garry Marshall. Una prostituta e un ricco uomo d'affari intrecciano una relazione che si tramuta in amore.
     a. Molti hanno paragonato *Pretty Woman* alla storia di Cenerentola. Perché, secondo te?
     b. Che tipo di "prostituta" è Vivian?
   - *Le notti di Cabiria*, Federico Fellini. Una prostituta romana è derubata e quasi ammazzata da un rispettabile impiegato cui ha affidato tutti i suoi risparmi nella speranza di farsi sposare e rifarsi una vita.
     c. Cabiria è ingenua e sognatrice. Perché tutti approfittano di lei?
     d. Che cosa spera di trovare nella vita?
   - *La sconosciuta*, Giuseppe Tornatore. Racconta il dramma della schiavitù sessuale di Irena, arrivata in Italia dall'Ucraina.
     e. Irena è una vittima oppure no?

E. REVISIONE GRAMMATICALE

1. **Volgi il paragrafo al *passato*, poi rifletti sui cambiamenti fatti.**

   "Casimer mette una mano in tasca per prendere il cellulare e vedere che ora è, ma non lo trova. Prova a pensare dove potrebbe averlo perso, solo che non riesce a ricordare cosa ha fatto subito prima di salire sul treno. In realtà, avvertendo un principio di panico, si rende conto di non ricordare nemmeno a quale stazione è salito."

   (*Passeggeri notturni*, 30)

2. **Dai i *sinonimi* delle parole sottolineate, poi completa le frasi liberamente.**
   a. Anche <u>stavolta</u> si sveglia e <u>si avvia</u> alla porta.
   b. Deve essersi svegliato <u>in anticipo.</u>
   c. <u>Dunque</u> aspetta un po'.
   d. <u>Prova</u> a pensare quando lo ha perso.
   e. <u>Ci vogliono</u> degli <u>istanti</u> per <u>capire</u> che è il controllore.
   f. <u>Bisogna</u> andare a prenderla e dirle che non deve <u>riprovarci.</u>

3. **Cambia le forme *negative* in *affermative*.**

   Esempio: <u>Non ha mai</u> viaggiato in un furgone. → *Ha sempre viaggiato in un furgone.*

   Quando Casimer sale in treno <u>non c'è nessuno</u>. <u>Non vede né</u> il controllore <u>né</u> le ragazze. Strano, molto strano. Si rende conto di <u>non ricordare nemmeno</u> a quale stazione è salito. Comincia a preoccuparsi, e si dice che <u>non ha più voglia di</u> fare quel lavoro. Quando improvvisamente si sveglia, <u>non è ancora arrivato</u> alla sua fermata. Guarda fuori dal finestrino e <u>non vede niente</u>. Ad un tratto appare un controllore con i capelli molto lunghi. Casimer <u>non ne aveva mai visto</u> uno con i capelli così lunghi! Gli chiede quanto ci vuole per arrivare alla prossima fermata, ma il controllore si limita a rispondere che <u>non c'è nessuna</u> fermata.

4. **Riscrivi le frasi con il verbo *piacere*. Segui l'esempio.**

   Esempio: Casimer ama il suo lavoro. → *A Casimer piace il suo lavoro / Gli piace il suo lavoro.*

   a. Casimer preferiva viaggiare in treno.
   b. Non amava usare un furgone.
   c. Lui ha sempre amato le ragazze coraggiose.
   d. Si diverte quando le ragazze sono terrorizzate.
   e. Non ha mai amato le ragazze che piangono.
   f. Casimer ha usato solo parolacce con loro.
   g. Le ragazze odiavano Casimer.
   h. Loro hanno sempre detestato i suoi amici.

5. **Verbi simili a *piacere*. Completa liberamente.**

   a. volerci → *Ci vuole un'ora per arrivare alla prossima stazione.*
   b. mancare → Mi mancano …
   c. occorrere → Ci occorrono …
   d. restare → Mi sono restate …
   e. servire → Ti serve …
   f. bastare → Gli è bastato …

Approfondimento di riflessione

- Film: *Le figlie di Mami Wata,* Giuseppe Carrisi; *Eastern Promises* (*La promessa dell'assassino*), David Cronenberg; *The Whistleblower*, Larysa Kondracki.
- Letteratura: *Doctor Faust*, Thomas Mann.
- Nota: il 25 novembre è stato proclamato il giorno internazionale per l'eliminazione della violenza contro le donne.

Bibliografia

Buzzati, Dino. *Un amore.* Milano: Mondadori, 1963.
Dostoevskij, Fëdor. *Delitto e castigo.* Mosca: Russkiy vestnik, 1866.
Eastern Promises. Regia di David Cronenberg. Focus Features, 2007.
La sconosciuta. Regia di Giuseppe Tornatore. Medusa Distribuzione, 2006.
Le figlie di Mami Wata. Regia di Giuseppe Carrisi. N.D., 2012.
Le notti di Cabiria. Regia di Federico Fellini. Paramount Pictures, 1957.
Malaparte, Curzio. *Kaputt.* Napoli: Casella, 1944.
Manet, Édouard. *Le Déjeuner sur l'herbe.* 1863. Musée d'Orsay, Paris.
_____. *Olympia.* 1863. Musée d'Orsey, Paris.
Mann, Thomas. *Doctor Faust.* New York: Alfred A. Knopf, 1948.
Pretty Woman. Regia di Garry Marshall. Buena Vista Pictures, 1990.
Taken. Regia di Pierre Morel. 20th Century Fox, 2008.
The Whistleblower. Regia di Larysa Kondracki. Samuel Goldwyn Films, 2010.
Tolstoj, Lev. *Resurrezione.* St Petersburg: Niva, 1899.
Toulouse-Lautrec de, Henri. *Salon de la rue des Moulins.* 1894–1895. Musée Toulouse-Lautrec, Albi.

UNITÀ 10
TAHITI

A. INTRODUZIONE ALLE TEMATICHE DEL RACCONTO

- Di che cosa pensi parli questo racconto?
- Prova a descriverne il contenuto in base al titolo.

1. Visione del film *Disconnect*, Henry Rubin.

    a. Elenca le situazioni in cui si trovano i vari personaggi e spiega da che cosa sono accomunate le loro storie.
    b. In quale modo le storie raccontate nel film possono relazionarsi alla società in cui vivi?
    c. Le persone si illudono di comunicare attraverso i *social network*. Sei d'accordo? Spiega perché.
    d. Internet, secondo te, ha migliorato o peggiorato la nostra vita?
    e. Comunicare è a volte *chattare* con qualcuno che non conosci. Perché ci si fida di uno sconosciuto e non si parla con un amico o un familiare?

B. VOCABOLARIO INIZIALE

psicoterapeuta	*psychotherapist*
angoscia	stato di profonda paura
cortocircuito	*short-circuit*, qui con il significato di "cedere/soccombere allo stress"
spiacevole	*unpleasant*
rabbia	irritazione violenta
seccati	irritati
infortunio	incidente
benessere	stato armonico di salute
disfano	*undo*
prevedere	conoscere in anticipo
fronteggiare	*face*
discepolo	*pupil*
rettificherei	correggerei
sprecare	*waste*
faccende	*matters*
vanno a rotoli	finiscono male

1. **Spiega con le tue parole i seguenti vocaboli.**

    Esempio: La rabbia è *una condizione delle persone infuriate*

    a. il discepolo
    b. le faccende
    c. lo psicoterapeuta
    d. il benessere
    e. l'infortunio

2. **Scrivi tre situazioni in cui le *cose vanno a rotoli*.**

C. DOPO LA LETTURA

1. **Nelle seguenti frasi, le parole in corsivo hanno lo stesso significato ma un'intensità diversa. Indica l'intensità minore (m) e quella maggiore (M) come nell'esempio.**

    a. Ti dico che sono *seccato – pazzo di rabbia*. Seccato (**m**) – pazzo di rabbia (**M**).
    b. Ipocognizione è un vocabolo *importante – essenziale*.
    c. Le parole giuste sono *indispensabili – necessarie*.
    d. Il loro rapporto è *allarmante – preoccupante*.
    e. È un dolore *grande – intenso*.
    f. Confucio ebbe idee *geniali – molto intelligenti*.
    g. Non avendo le parole per indicare la sofferenza spirituale, i tahitiani ne *avevano paura – avevano terrore*.
    h. Il racconto mi ha fatto *pensare – meditare* molto sull'importanza delle parole.

2. **Scegli la parola giusta come nell'esempio.**

   a. Carofiglio ci *dice – parla – **racconta*** un aneddoto interessante.
   b. Io ho *ascoltato – sentito – udito* l'aneddoto con molta attenzione.
   c. La storia era così coinvolgente che ho *preso – fatto – compilato* degli appunti.
   d. L'antropologo *mandò – spedì – inoltrò* una lettera contenente i risultati del suo studio.
   e. I tahitiani *provavano – avevano – possedevano* la sofferenza spirituale ma non conoscevano le parole per indicarla.
   f. Rettificare i nomi significa *disfarsi di – distruggere – sprecare* il tempo in cose da nulla? Non sono d'accordo.

3. **Domande di comprensione del testo ed espansione.**

   a. Qual è il problema a Tahiti?
   b. Perché le parole sono importanti?
   c. Secondo te, le parole sono talvolta espressioni di cui bisogna prevedere e affrontare le conseguenze?
   d. Chi è Confucio e perché è importante?
   e. Quali sostantivi, aggettivi, e verbi hanno un significato negativo nel racconto?
   f. Dai un sottotitolo a "Tahiti" che offra ulteriori informazioni sul contenuto del racconto. Motiva la tua scelta.
   g. Secondo te, le parole sono sempre interpretate nel modo giusto?
   h. Tu credi che le persone con cui parli capiscano sempre quello che vuoi dire?
   i. Quanto facile è per te esprimere i tuoi sentimenti, emozioni, o stati d'animo? Spiega portando degli esempi.

4. **Scrittura.**

   "Se i nomi non sono corretti, cioè se non corrispondono alla realtà, il linguaggio è privo di oggetto" (*Passeggeri notturni*, 34). Rifletti sull'importanza delle parole giuste nella comunicazione.

5. **Presentazione orale.**

   Crea un poster o prepara una presentazione sull'incomunicabilità.

D. ELABORAZIONE

Incomunicabilità

1. **Letteratura.**

   - Luigi Pirandello' vincitore del Premio Nobel per la letteratura nel 1934 e autore di romanzi, novelle, e drammi teatrali ha espresso con i suoi personaggi la difficoltà di comunicazione, spesso associata all'uso improprio delle parole.
     Sei personaggi in cerca d'autore affronta il problema della comunicazione frequentemente fondata sulla trasmissione di messaggi che non corrispondono a chi siamo veramente. È impossibile rivelare con le parole ciò che proviamo.

a. Scegli uno dei personaggi e parla del suo dramma. Spiega come non è possibile trovare le parole esatte per esprimere la propria sofferenza.

- Gianrico Carofiglio, "Tutto sta nella parola," titolo del primo capitolo di *Con parole precise*.
  b. Come spieghi quest'affermazione?
  c. Quando parli credi di usare sempre il linguaggio giusto per comunicare quello che pensi? Discutine con i compagni di classe.

- Italo Svevo conduce un'analisi attenta sulle ragioni del malessere e dell'inquietudine dell'uomo moderno. Alla base c'è l'incomunicabilità tra individui. *La coscienza di Zeno* e *Senilità* sono i romanzi che lo hanno reso famoso.
  d. Lavora con i tuoi compagni sui testi sopracitati e sul modo in cui Svevo ha presentato l'uomo del Novecento.

- Salvatore Quasimodo, vincitore del Premio Nobel per la letteratura nel 1959. Ha scritto una poesia, "Ed è subito sera," che sintetizza la corrispondenza tra la solitudine del singolo e la solitudine dell'umanità intera.
  e. Leggi la breve poesia e commentala. Che cosa esprimono le poche e potenti parole del poeta?
  f. Conosci un altro poeta che parla del silenzio causato dalla solitudine e dall'incomunicabilità?

2. **Arte.**

- Edward Hopper, famoso pittore realista americano, ha rappresentato l'incomunicabilità e il silenzio nei suoi dipinti.
  a. Cerca i dipinti sottoelencati, rifletti sul significato dei dipinti e prepara una presentazione.
    - *Automat* (*Tavola calda*)
    - *Night Windows* (*Finestre di notte*)
    - *Compartment C, Car 293* (*Scompartimento C, Carrozza 293*)
    - *New York Movie* (*Cinema a New York*)
    - *Nighthawks* (*I nottambuli*)
    - *New York Office* (*L'ufficio a New York*)
  b. Secondo te, che cosa cerca di "comunicare" Edward Hopper con la sua arte?

3. **Arte e cinema.**

- Van Gogh, famoso pittore olandese, ha "comunicato" con i suoi dipinti la sua sofferenza esistenziale. I seguenti film rappresentano la vita dell'artista e la voce che hanno le sue opere.
  - *Van Gogh*, Maurice Pialat.
  - *Lust for Life* (*Brama di vivere*), Vincente Minnelli.
  - *Loving Vincent*, Kobiela-Welchman.
  - *At Eternity's Gate*, Julian Schnabel.

a. Come descriveresti Van Gogh? Introverso, eccentrico, idealista, romantico, tormentato, angosciato? Scegli e spiega perché.
b. A tuo parere, la sofferenza di Van Gogh è fisica o esistenziale? Come la esprime?
c. Pensi che sia facile parlare di dolore e delle sue conseguenze?

4. **Musica.**

    - Simon & Garfunkel, *The Sound of Silence*. Il titolo di questa canzone è un ossimoro dell'incomunicabilità umana.

        a. Ascolta e ricerca le parole della canzone e rifletti sul suo significato.

    - Pink Floyd, *The Wall* e film omonimo di Alan Parker.

        b. Il muro come metafora dell'isolamento. Simbolo di alienazione, esclusione, incomunicabilità? Qual è la tua interpretazione della canzone e/o del film?
        c. Secondo te, quali dei testi, quadri, film, e canzoni sopracitati rappresenta l'incomunicabilità nel modo più efficace e perché?

E. REVISIONE GRAMMATICALE

1. **Completa con le *preposizioni* e *congiunzioni* mancanti.**

    In "Tahiti" Carofiglio continua il suo discorso – iniziato già in "Confessione 2" – _____ importanza delle parole giuste e comincia con il darci una spiegazione _____ vocabolo ipocognizione, parola poco usata … molto importante. La parola ipocognizione deriva da uno studio condotto … gli anni Cinquanta _____ antropologo Robert Levy. L'antropologo scoprì che i tahitiani non avevano le parole giuste per indicare il dolore eccetto quello fisico. Lo conoscevano, ma non ne avevano nessun concetto. … conseguenza di questa loro incapacità, i tahitiani, nei casi di intensa sofferenza, reagivano suicidandosi. L'autore racconta spesso questo aneddoto _____ farci capire _____ maggior chiarezza l'importanza pratica delle parole, … queste hanno un effetto sostanziale e profondo sulla nostra percezione prima ancora che sulla rappresentazione della realtà.

2. **Cambia le parti sottolineate con il *si impersonale* o *passivante*. Attenzione ai tempi e modi verbali!**

    Esempio: <u>Raccontiamo</u> spesso questa storia. → **Si racconta** spesso questa storia.

    a. Le parole che <u>utilizziamo</u> sono importanti.
    b. <u>Le persone pensano</u> che il concetto di ipocognizione sia difficile.
    c. Se <u>dicessimo</u> di essere molto arrabbiati capiresti benissimo.
    d. Non <u>potevano gestire</u> la vita interiore e <u>si trovavano</u> in situazioni di estrema sofferenza.
    e. Non <u>erano in grado</u> di identificare il dolore.
    f. <u>Abbiamo dovuto scegliere</u> le soluzioni più adeguate.
    g. Sebbene <u>la gente senta</u> il dolore non <u>conosce</u> le parole per poterne parlare.
    h. <u>Gli studenti hanno imparato</u> molto leggendo questo racconto.

3. Adesso scrivi quattro frasi complete sull'incomunicabilità, riferendoti a letteratura, arte, arte e cinema, e musica. Usa il *si impersonale* o *passivante* in ogni frase.

4. Coniuga il verbo tra parentesi al tempo giusto del *congiuntivo* o dell'*indicativo*.

Carofiglio pensa che ipocognizione (essere) _____ un vocabolo importante. Il concetto di ipocognizione (risalire) _____ a uno studio fatto negli anni Cinquanta in cui pare che i tahitiani non (avere) _____ le parole per indicare la sofferenza spirituale e quando la (provare) _____ non (riuscire) _____ ad elaborare la tristezza, la fragilità, e l'angoscia e di conseguenza (suicidarsi) _____ . Quest'aneddoto ci aiuta a capire quanto (essere) _____ importanti le parole giuste. Si dice che lo (capire) _____ più di duemila anni fa Confucio, per il quale le parole corrette (essere) _____ fondamentali, perché se non lo (essere) _____, non (corrispondere) _____ alla realtà e il linguaggio (essere) _____ privo di significato.

Approfondimento di riflessione

- Arte: *L'aimable vérité*, René Magritte.
- Letteratura: *Lust for Life* (*Brama di vivere*), Irving Stone; *Il murato*, Giorgio Caproni.

Bibliografia

At Eternity's Gate. Regia di Julian Schnabel. CBS Films, 2018.
Caproni, Giorgio. "Il murato." *Il muro della terra*. Milano: Garzanti, 1975.
Carofiglio, Gianrico. *Con parole precise. Breviario di scrittura civile*. Roma-Bari: Laterza, 2015.
Disconnect. Regia di Henry Rubin. LD Entertainment, 2012.
Hopper, Edward. *Automat*. 1927. Des Moines Art Center, Des Moines.
_____. *Compartment C, Car 293*. 1938. Des Moines Art Center, Des Moines.
_____. *New York Movie*. 1939. MoMA, New York.
_____. *New York Office*. 1962. Montgomery Museum of Fine Arts, Montgomery.
_____. *Nighthawks*. 1942. Art Institute of Chicago, Chicago.
_____. *Night Windows*. 1928. MoMA, New York.
Loving Vincent. Regia di Kobiela-Welchman. Altitude Film Distribution, 2017.
Lust for Life. Regia di Vincent Minnelli. Metro-Goldwyn-Mayer, 1956.
Magritte, René. *L'aimable vérité*. 1966. The Menil Collection, Houston.
Pink Floyd. *The Wall*. Harvest Records, 1979.
Pirandello, Luigi. *Sei personaggi in cerca d'autore*. 1925. Prima rappresentazione 1921.
Quasimodo, Salvatore. "Ed è subito sera." *Acque e terre*. Firenze: Edizioni Solaria, 1930.
Simon & Garfunkel. "The Sound of Silence." *Wednesday Morning, 3 A.M*. Columbia, 1964.
Stone, Irving. *Lust for Life*. UK: Better World Books, 1934.
Svevo, Italo. *La coscienza di Zeno*. Bologna: Licinio Cappelli, 1923
_____. *Senilità*. Trieste: Ettore Vram, 1898.
The Wall. Regia di Alan Parker. Metro-Goldwyn-Mayer, 1982.
Van Gogh. Regia di Maurice Pialat. Gaumont, 1991.

UNITÀ 11
PEZZI GROSSI

A. INTRODUZIONE ALLE TEMATICHE DEL RACCONTO

- Prova a individuare il contenuto del racconto in base al titolo.

  Visione del film *Corruzione a palazzo di giustizia*, Marcello Aliprandi, tratto dal dramma omonimo di Ugo Betti. Il film è inserito nel filone del cinema italiano "di denuncia" che indaga le irregolarità del sistema politico, economico, e giudiziario.

  a. Sei d'accordo?
  b. Come illustra la "denuncia" questo film?
  c. Prepara una lista di prove.
  d. È preferibile essere per tutta la vita persone giuste e oneste eppure considerati da tutti delinquenti o imbrogliare e mentire senza scrupoli e invece essere visti come modelli di virtù? Che cosa ne pensi tu?
  e. Credi che se le persone fossero certe dell'anonimato la maggior parte di loro imbroglierebbe? Quando invece c'è di mezzo la loro reputazione, come si comportano? Si preoccupano dell'opinione altrui?

B. VOCABOLARIO INIZIALE

mi aggiro	mi muovo/giro
noto	familiare
tangentopoli	operazione anti corruzione
fugare	evitare
ha una bella presa	*he has a nice handshake*
mi trattengo	evito
a mio agio	*comfortable*
ricapiterà	si ripeterà
quantomeno	come minimo
argomento	soggetto
tono quasi didattico	tono autorevole
controlli	verifiche
autogiustificarsi	trovare spiegazioni al proprio comportamento
pigrizia	*laziness*
sciocchezze	*nonsense*
banconote di grosso taglio	soldi di carta di alto valore
fondi neri	*money laundering*
per inciso	fra parentesi
le secca	le dispiace

1. **Accanto ai seguenti nomi astratti indica i corrispondenti nomi concreti come nell'esempio.**

   a. la psicologia → *lo psicologo*
   b. la corruzione
   c. l'argomento
   d. il controllo
   e. la conversazione
   f. l'operazione
   g. l'evasione
   h. la rapina

C. DOPO LA LETTURA

1. **Associa le parole della colonna A con quelle della colonna B che sembrano più strettamente in relazione.**

A		B	
a.	scaffali	h.	cinquecento euro
b.	corruzione	i.	complicato
c.	transazioni	l.	libreria
d.	banconote	m.	personaggio
e.	faticoso	n.	denaro contante
f.	protagonista	o.	banche
g.	grosso taglio	p.	disonestà

2. **Inserisci la parola giusta. Scegli dalla lista che segue.**

   corrotti – banconote – soluzione – taglio – opinione – scelta – controlli – tangentopoli – libreria – comprensione – viso – romanzo – eliminazione – corruzione

   Un giorno, in una _____ di Roma, un signore sorridente mi chiama. Ha un _____ noto, uno dei protagonisti di _____, penso io. Parliamo del mio _____ e della _____ della psicologia della _____. Gli chiedo la sua _____ sulla corruzione. Mi dice che è una _____ facile per molte ragioni, la mancanza di _____ per esempio. La _____ la suggerisco io, è nell'_____ del denaro contante e delle _____ di grosso _____. Sono sicuro che la vita dei _____ diventerebbe molto difficile, concludo io.

3. **Spiega in modo chiaro le parole che seguono. Se necessario aiutati con il dizionario.**
   - La legalità
   - La corruzione
   - Il potere
   - L'estorsione
   - Il riciclaggio

4. **Domande di comprensione del testo ed espansione.**
   a. Che lavoro fanno i personaggi del racconto?
   b. Perché nel racconto si dice che la corruzione è una scelta facile?
   c. Perché bisognerebbe eliminare il denaro contante?
   d. Credi che togliere dalla circolazione il denaro contante possa eliminare la corruzione? Perché?
   e. Secondo te, perché il narratore scrive la conversazione avuta con il signore che incontra nella libreria?
   f. Pensi che "Pezzi grossi" sia un titolo appropriato per il racconto? Spiega. Se no, quale titolo daresti tu e perché?
   g. Se tu potessi avere una conversazione con Gianrico Carofiglio a proposito di questo racconto, quali domande gli faresti e perché?
   h. C'è molta corruzione nel tuo paese? Che cosa proporresti per eliminarla?

5. **Scrittura.**

   Immagina come sarebbe la vita senza denaro contante. Motiva le tue risposte e ricordati di usare il condizionale.

6. **Presentazione orale.**

   Prepara una presentazione su Tangentopoli (di derivazione da tangente = *bribe*), anche conosciuta come operazione "Mani pulite," un'indagine nell'Italia degli anni Novanta per denunciare la corruzione.

D. ELABORAZIONE

1. La corruzione nella letteratura.

- Gianrico Carofiglio, *La regola dell'equilibrio*. L'avvocato Guido Guerrieri deve difendere il giudice Larocca da un'accusa di corruzione. Ecco i pensieri di Guerrieri:

"L'unica ipotesi che non avevo preso in considerazione nemmeno per un secondo – me ne rendevo conto solo in quel momento – era che il presidente Luigi Larocca, magistrato dalla reputazione – ritenevo – irreprensibile, fosse in realtà un giudice *corrotto*" (221–222).

"*Corrotto*. La parola mi rimbalzava nella testa come un oggetto materiale e contundente, e a ogni urto produceva un suono sordo, doloroso" (Ibid., 222).

"Le regole hanno senso se ci sono dei giudici che le fanno osservare. Se questo è vero, e io credo che sia vero, l'idea di difendere un giudice che si vende le cause non è solo fastidiosa, mette in crisi la tua nozione del mondo, del senso delle cose che lo compongono" (Ibid., 224–225).

a. Che cosa ne pensi?
b. Che tipo di problemi si pone l'avvocato Guerrieri?
c. Che cosa faresti al posto dell'avvocato Guerrieri? Prepara una lista di possibilità e giustificane la scelta. Elenca quello che pensa Guerrieri e poi proponi le tue idee. Usa il congiuntivo e il condizionale.

1. L'avvocato Guerrieri pensa che …
2. Io …

- Dante Alighieri, *La divina commedia*. In "Inferno" VI, per bocca di Ciacco si legge "superbia, invidia e avarizia sono le tre faville c'hanno i cuori accesi" (vv. 74–75). Nella vita della sua città, Dante vede le eccessive ambizioni di dominio, le invidie, e le rivalità delle parti. Rifletti e rispondi alle domande.

d. Era forse Dante un precursore dei tempi?
e. Aveva già individuato le ragioni della corruzione?
f. È Dante un vero conoscitore dell'umanità?

- Nino Palumbo, *Impiegato d'imposte*. Leggi e rifletti sulle parole del protagonista Tranifilo.

"Eppure tutti rubano e non sono chiamati ladri, e non sono dentro. No, i ladri non sono dentro. I ladri più incalliti sono fuori. Dentro stanno i poveri disgraziati come me, quelli che si sono fatti degli scrupoli, prima di decidersi a rubare. Chi non ruba oggi, chi? Tutti ci derubiamo a vicenda" (240).

g. Quali pensi che siano i pensieri di Tranifilo?
h. Secondo te, Tranifilo è onesto o disonesto?

2. **La corruzione nel cinema.**

a. Scegli un film tra quelli che seguono e presentalo alla classe.

- *La corruzione*, Mauro Bolognini.
- *Le mani sulla città*, Francesco Rosi.
- *In nome del popolo italiano*, Dino Risi.
- *Il divo*, Paolo Sorrentino.
- *American Hustle (L'apparenza inganna)*, David O. Russell.

E. REVISIONE GRAMMATICALE

1. **Il *condizionale*. Rispondi alle domande con il condizionale presente o passato a seconda della necessità.**

    a. Secondo te, che cosa dovrebbe fare il governo per eliminare o diminuire la corruzione?
    b. Quando i tuoi genitori avevano la tua età in che modo avrebbero partecipato alla discussione sulla corruzione?
    c. Immagina che cosa farebbero le seguenti persone senza denaro contante.

    - I tuoi amici
    - I tuoi nonni
    - Il tuo/la tua insegnante
    - Tu

2. **Il *periodo ipotetico*. Che cosa avrebbero fatto le seguenti persone se non avessero avuto soldi?**

    - Il/la tuo/a migliore amico/a
    - Tu
    - I tuoi genitori

3. **Ancora il *periodo ipotetico*. Riferendoti al racconto quando è possibile, completa correttamente le frasi che seguono con il congiuntivo o il condizionale.**

    a. Se qualcuno avesse fatto caso alla scena ...
    b. Se nessuno avesse il cellulare ...
    c. Mi direbbe la sua opinione sulla corruzione se ...
    d. Si eliminerebbe il denaro contante se ...
    e. Si sarebbe dato un bel colpo all'evasione fiscale se ...
    f. Se Carofiglio non avesse scritto questa conversazione ...

4. **Riscrivi con il *gerundio* le parti in corsivo come nell'esempio.**

    Quando mi aggiro AGGIRANDOMI tra gli scaffali di una libreria mi sento chiamare. Vedo un signore che *mentre sorride* _____ allunga la mano per salutarmi. Io gliela prendo e lui *mentre me la stringe* _____ con decisione mi dice che nel mio ultimo romanzo è stato colpito dal modo in cui viene rappresentata la psicologia della corruzione. *Visto che sono* _____ incuriosito da questa osservazione, io sento di domandargli la sua opinione sul fenomeno. *Benché sia* _____ una risposta piuttosto interessante, non mi ha completamente convinto. Tuttavia io ne prendo nota e penso che *se voglio*, _____, me ne posso servire in qualche storia.

5. **Gerundio o infinito? Completa con i verbi tra parentesi al gerundio o all'infinito.**

   a. Si comincia (eliminare) _____ le banconote di grosso taglio.
   b. Si comincia a (eliminare) _____ le banconote di grosso taglio.
   c. Per (eliminare) _____ la corruzione bisogna partire con l'eliminazione del denaro contante.
   d. Mi volto e vedo (sorridere) _____ un signore, mentre un altro mi si avvicina (sorridere) _____ .
   e. Pur (sorridere) _____, l'uomo non sembra tranquillo.
   f. (Ascoltare) _____ la spiegazione dell'uomo, mi rendo conto che ciò che dice è molto vero.
   g. Nell'(ascoltare) _____ la spiegazione dell'uomo mi rendo conto che ciò che dice è molto vero.
   h. (Aggirarsi) _____ tra gli scaffali di una libreria mi sento chiamare.
   i. Entro in una grande libreria per (aggirarsi) _____ indisturbato tra gli scaffali.
   l. Pur (aggirarsi) _____ per ore tra gli scaffali della libreria, non ho trovato i libri che cercavo.

Approfondimento di riflessione

- Film: *Draquila – L'Italia che trema*, Sabina Guzzanti; *Il venditore di medicine*, Antonio Morabito; *Indagine di un cittadino al di sopra di ogni sospetto*, Elio Petri.

Bibliografia

Alighieri, Dante. *La divina commedia*. 1308–1320.
American Hustle. Regia di David O. Russell. Columbia Pictures, 2013.
Betti, Ugo. *Corruzione al palazzo di giustizia*. Milano: Sipario, 1949.
Carofiglio, Gianrico. *La regola dell'equilibrio*. Torino: Einaudi, Stile Libero Big, 2014.
Corruzione a palazzo di giustizia. Regia di Marcello Aliprandi. Ital-Noleggio Cinematografico, 1974.
Draquila – L'Italia che trema. Regia di Sabina Guzzanti. BiM, 2010.
Il divo. Regia di Paolo Sorrentino. Lucky Red, 2008.
Il venditore di medicine. Regia di Antonio Morabito. Istituto Luce Cinecittà, 2013.
Indagine di un cittadino al di sopra di ogni sospetto. Regia di Elio Petri. Euro International Film, 1970.
In nome del popolo italiano. Regia di Dino Risi. Fida Cinematografica, 1971.
La corruzione. Regia di Mauro Bolognini. INCEI – Titanus, 1963.
Le mani sulla città. Regia di Francesco Rosi. Warner Bros., 1963.
Palumbo, Nino. *Impiegato d'imposte*. Milano: Mondadori, 1957.

UNITÀ 12
SINCERAMENTE

Gli avverbi italiani

A. INTRODUZIONE ALLE TEMATICHE DEL RACCONTO

- Fai delle anticipazioni sul contenuto del racconto in base al titolo.

1. Sigmund Freud, *Die Traumdeutung* (*L'interpretazione dei sogni*).

   Il motore dei sogni, secondo Freud, sono i desideri inconsci. Tali desideri, non accessibili all'io, operano all'interno della psiche umana. Durante il sonno rafforzano i loro effetti per la minore attività della coscienza. Emergono sotto forma di immagine onirica che si manifesta nel sogno.

   a. Ti ricordi spesso che cosa sogni?
   b. C'è differenza, secondo te, tra sogno e ricordo?
   c. Quando parli con una persona fai attenzione alle parole che dice o all'espressione del viso?
   d. Pensi che le persone dicano sempre la verità? Sì, no, perché?

B. VOCABOLARIO INIZIALE

mormorio	*whispering*
assembramenti	affollamenti
saccenteria	presunzione
togliamo	eliminiamo
sonoro	suono
appallottolare	*to make into a ball*
mentire	dire bugie
gruppetto	piccolo gruppo
lampione	*light post*
cenno	gesto
sfumature	*nuances*
un sacco	una grande quantità
ha schioccato le dita	*she snapped her fingers*
litigare	bisticciare
badarci	farci attenzione
menzogne	*lies*
malefatte	*wrongdoing*
come capita	come succede

1. Evidenzia la parola estranea come nell'esempio.

a.	notte	sera	**mese**	alba	pomeriggio
b.	dirlo	mostrarlo	chiuderlo	rivelarlo	farlo vedere
c.	allegria	rabbia	tristezza	ricchezza	felicità
d.	avverbio	preposizione	articolo	congiunzione	metafora
e.	carina	simpatica	attraente	bella	avvenente
f.	città	paese	villaggio	borgo	contrada
g.	parole	frasi	paragrafi	pagine	riassunti
h.	pessime	peggiori	le più brutte	superflue	cattivissime

2. Scrivi tre o quattro espressioni collegabili con i termini indicati.

a. il sogno
b. la piazza
c. l'esperienza
d. il silenzio
e. la parola
f. la verità

C. DOPO LA LETTURA

1. **Associa le parole della colonna A con il loro sinonimo della colonna B.**

   A
   a. brusio
   b. tristezza
   c. facce
   d. mentire
   e. affollata
   f. saccenteria
   g. lampione
   h. badarci
   i. affatto

   B
   l. piena di persone
   m. volti
   n. lieve rumore
   o. lume
   p. sconforto
   q. starci attenti
   r. non dire la verità
   s. assolutamente
   t. presunzione

2. **Domande di comprensione del testo ed espansione.**

   a. Qual è il tema principale del racconto? Scegli e motiva la tua scelta.
   - Sogno
   - Le parole nascondono ciò che veramente pensiamo
   - L'espressione della faccia rivela più delle parole
   - Gli avverbi sono pericolosi
   - Altro

   b. Chi sono i protagonisti della storia, dove si incontrano, e di che cosa parlano?
   c. Quali pensi siano le emozioni che il narratore può provare durante l'incontro?
   d. Nel racconto viene menzionata una lista di emozioni: meraviglia, stupore, allegria, rabbia, imbarazzo, tristezza, paura, disturbo, insicurezza, sconforto, entusiasmo. Adesso guarda i tuoi compagni di classe e indica se, dall'espressione della loro faccia, riesci a individuare una delle emozioni sopraelencate, e da cosa lo capisci.
   e. Perché Carofiglio afferma che gli avverbi sono pericolosi?
   f. Che cosa ne pensi tu? Sei d'accordo? Spiega e motiva la tua risposta.
   g. Quando parli usi spesso gli avverbi?
   h. Secondo te:
   - Perché sogniamo?
   - I sogni sono difficili da interpretare?
   - Qual è il ruolo della fantasia nei sogni?
   - Quando sogniamo proviamo emozioni come nella realtà?

3. **Scrittura.**

   Racconta un sogno che hai fatto e trova riferimenti alla realtà.

4. **Presentazione orale.**

   Immagina il dialogo tra il narratore e la bambina e preparati a recitarlo in classe con un/a compagno/a.

D. ELABORAZIONE

1. **Il sogno.**
   - Il tema del sogno ha ispirato molti autori ed artisti.
     a. Scegli tra arte, letteratura, e musica e prepara una presentazione con riferimento anche alla cultura del tuo paese.
   - René Descartes (Cartesio), filosofo francese, è passato alla storia per la domanda che si è posto: "Sogno o son desto?" Nella prima meditazione, che è centrata sul tema del dubbio, il filosofo afferma che non è possibile distinguere nettamente la veglia dal sonno.
     b. Che cosa ne pensi tu?
   - Arthur Schopenhauer: "La vita e i sogni sono fogli di uno stesso libro, leggerli attentamente vuol dire vivere, sfogliarli a caso vuol dire sognare."
     c. Commenta l'aforisma di Schopenhauer e confronta il tuo pensiero con il resto della classe.

2. **Arte.**

   Surrealismo – movimento nato nel 1924 – è quel processo in cui l'inconscio, quella parte di noi che emerge durante i sogni, emerge anche quando siamo svegli e ci permette di associare parole, pensieri, e immagini senza scopi precisi.

   a. Individua questo processo in uno dei lavori degli artisti sottoelencati.
      - Joan Miró
      - René Magritte
      - Salvador Dalí
      - Giorgio De Chirico

3. **Letteratura.**
   a. Ricerca gli autori sottoelencati e parla delle loro scelte in riferimento al sogno.
      - Giacomo Leopardi, "Il sogno," Canto XV.
      - Giovanni Pascoli, "Ultimo sogno."
      - Luigi Malerba, *Diario di un sognatore*.
      - James Joyce, *Finnegans Wake* (*La veglia di Finnegan*).

4. **Musica classica.**
   a. Scegli un artista tra i seguenti e spiega come affronta il tema del sogno.
      - Franz Liszt, *Liebestraum* (*Sogno d'amore*).
      - Robert Schumann, *Kinderszenen* (*Scene infantili*), Op. 15, No. 7.
      - Felix Mendelssohn, *A Midsummer Night's Dream* (*Sogno di una notte di mezza estate*).
      - Claude Debussy, *Prélude à l'après-midi d'un faune* (*Preludio al pomeriggio di un fauno*).
      - Frédéric Chopin, *Nocturnes* (*Notturni*).

E. REVISIONE GRAMMATICALE

1. **Completa con il *pronome oggetto diretto, indiretto, tonico,* o *riflessivo*.**

   _____ trovavo nella piazza di un paese, affollata di gente. Con _____ c'era una bambina sui dieci anni. Era carina, simpatica, cordiale anche se un po' saccente. _____ piaceva e _____ ascoltavo volentieri quando parlava. _____ ha detto di guardare le persone che stavano parlando vicino a noi, poi ha gridato "Adesso togliamo la voce" e d'un tratto il clamore è cessato, ma tutti continuavano a parlare solo che la scena _____ svolgeva in un totale silenzio. Io guardavo le persone quando la ragazzina ha detto: "Guarda_____ attentamente perché le parole spesso nascondono quello che pensiamo, mentre è difficile mentire con l'espressione del volto che _____ fa capire più chiaramente quale sia il vero significato delle parole." Poi _____ è diretta verso un gruppetto di ragazzi e _____ ha fatto cenno di osservar_____. Io _____ sono reso conto che i ragazzi non _____ vedevano e osservando le loro facce ho visto una moltitudine di emozioni.

2. **Riempi con le parti mancanti.**

	Sostantivo	Aggettivo	Avverbio
a.	l'allegria	_____	_____
b.	_____	cordiale	_____
c.	la tristezza	_____	_____
d.	_____	_____	imbarazzatamente
e.	_____	entusiasmato	_____
f.	_____	_____	paurosamente
g.	la meraviglia	_____	_____
h.	_____	ostile	_____

3. **Da quale aggettivo derivano i seguenti avverbi? In seguito, con parole tue, spiega in modo chiaro il significato degli aggettivi trovati.**

   a. Onestamente
   b. Francamente
   c. Sinceramente
   d. Assolutamente

4. **Adesso scrivi quattro frasi complete con gli avverbi dell'Esercizio 3. Riferisciti al racconto dell'unità.**

5. ***Congiuntivo* o *infinito*? Trasforma le frasi iniziando con *Non sapevo che* o *Non sapevo di,* a seconda della necessità.**

   Esempi: Il sogno è finito. → *Non sapevo che il sogno fosse finito.*
   Ho finito il sogno. → *Non sapevo di aver finito il sogno.*

   a. Ieri ho fatto un sogno.
   b. Mi trovavo nella piazza di un paese.
   c. Tutti continuavano a gesticolare.
   d. Ero da solo.

e. Mi ha fatto un cenno.
f. Dico la verità.
g. Lei non dice la verità.
h. Le menzogne si nascondono dietro gli avverbi.

6. **Completa il paragrafo con le seguenti *congiunzioni*.**

   affinché – sebbene – senza che – nel caso che – prima che – come se – benché

   _____ tutti sognino, ben pochi si ricordano dei sogni fatti. Adesso ve ne racconto uno _____ lo dimentichi. Mi trovavo nella piazza di un paese e sentivo _____ qualcosa dovesse accadermi. C'era una bambina e, _____ nessuno me lo avesse detto, sapevo che era una mia amica. Mi ha detto di guardare attentamente le persone che si trovavano nella piazza. _____ io lo facessi, non riuscivo a vedere le espressioni delle loro facce. La bambina ha insistito che dovevo concentrarmi di più _____ riuscissi a leggere qualche espressione nelle facce, e _____ fosse troppo tardi. Quando ci sono riuscito, mi sono reso conto che le espressioni erano più significative delle loro parole.

Approfondimento di riflessione

- Arte: *Sogno di Innocenzo III,* Giotto; *Sogno di Costantino,* Piero della Francesca; *Sogno di Sant'Orsola,* Vittore Carpaccio.
- Film: *Until the End of the World* (*Fino alla fine del mondo*), Wim Wenders; *Inception,* Christopher Nolan.

Bibliografia

Carpaccio, Vittore. *Sogno di Sant'Orsola.* 1495. Gallerie dell'Accademia, Venezia.
Chopin, Frédéric. *Nocturnes.* 1827–1846.
Dalí, Salvador. (1904–1989).
Debussy, Claude. *Prélude à l'après-midi d'un faune.* 1894.
De Chirico, Giorgio. (1888–1978).
Francesca, Piero della. *Sogno di Costantino.* 1458–1466. Basilica di San Francesco, Arezzo.
Descartes, René. (1596–1650).
Freud, Sigmund. *Die Traumdeutung.* Leipzig-Vienna: Franz Deuticke, 1899.
Giotto. *Sogno di Innocenzo III.* 1295–1299 ca. Basilica di San Francesco, Assisi.
Inception. Regia di Christopher Nolan. Warner Bros., 2010.
Joyce, James. *Finnegans Wake.* London: Faber and Faber, 1939.
Leopardi, Giacomo. "Il sogno." *I Canti.* Napoli: Saverio Starita, 1835.
Liszt, Franz. *Liebestraum.* 1850.
Malerba, Luigi. *Diario di un sognatore.* Torino: Einaudi, 1981.
Magritte, René. (1898–1967).
Mendelssohn, Felix. *A Midsummer Night's Dream.* 1842.
Miró, Joan. (1893–1983).
Pascoli, Giovanni. "Ultimo sogno." *Myricae.* 1893.
Schopenhauer, Arthur. (1788–1860).
Schumann, Robert. *Kinderszenen,* Op. 15, No. 7. 1838.
Until the End of the World. Regia di Wim Wenders. Warner Bros., 1991.

UNITÀ 13
CANESTRI

A. INTRODUZIONE ALLE TEMATICHE DEL RACCONTO

- Identifica il contenuto del racconto in base al titolo.

1. Visione del film e/o presentazione del romanzo Pride and Prejudice (*Orgoglio e pregiudizio*), Joe Wright, Jane Austen.

    a. Presenta i temi fondamentali del romanzo e/o della versione cinematografica di *Pride and Prejudice*.

Nota informativa
Bias cognitivi: errori della mente. Forma di distorsione della valutazione causata dal pregiudizio.

b. Quando incontri una persona per la prima volta qual è la tua reazione? Come giudichi?
- Dal modo in cui è vestito/a?
- Da come si esprime?
- Dalle sue maniere?
- Da quello che dice?

c. Quando parli con una persona che cosa tendi a fare?
- Pensi di saperne di più di lui/lei?
- Metti in dubbio quello che dice?
- Non ascolti con attenzione perché hai già deciso che dice delle stupidaggini?

d. Ammetti di sbagliare qualche volta?
e. Quando sbagli rifletti sugli errori che hai fatto e cerchi di non ripeterli?

B. VOCABOLARIO INIZIALE

prenderci	appropriarci
sopravvalutare	*overestimate*
sminuire	diminuire
sforzi	*efforts*
allenamento	*practice*
sconfitta	*defeat*
arbitri	*referees*
abili	capaci
sono colpa	sono attribuiti
per inciso	tra parentesi
suddetti	sopraindicati
cialtroni	disonesti
tendiamo	preferiamo
e via discorrendo	*and so on*
addirittura	*even*
entrambi	tutti e due
sottraendoci	allontanandoci
dal prossimo	dalle altre persone
ci consente	*allows us*
inattese	inaspettate
fallimenti	*failures*
si sono affidati	*they relied on*

1. **Dei seguenti aggettivi, scrivi i corrispondenti nomi astratti aggiungendo *-ità*, *-eria*, *-ezza*, *-anza*. Poi utilizzane due o tre in un paragrafo attinente al film *Pride and Prejudice*.**

    Esempio: Familiare → la familiarità

    a. positivo
    b. superiore
    c. possibile
    d. importante

e. personale
f. sociale
g. duro
h. desiderabile
i. cattivo
l. vero

C. DOPO LA LETTURA

1. **Abbina le parole della colonna A con il loro sinonimo della colonna B.**

   A
   a. abilità
   b. esperti
   c. vittoria
   d. profitti
   e. compagno
   f. qualità
   g. sconfitta
   h. errori

   B
   i. perdita
   l. collega
   m. abili
   n. caratteristica
   o. sbagli
   p. successo
   q. capacità
   r. guadagni

2. **Scrivi il contrario delle parole sottolineate. A volte è necessario cambiare altre parti della frase.**

   *Esempio: Ed è per questo motivo che <u>alla fine</u> <u>ho vinto</u> tutto. → Ed è per questo motivo che **all'inizio ho perso** tutto.*

   a. Si tende a <u>sopravvalutare</u> le nostre <u>qualità</u>.
   b. <u>L'insuccesso</u> dipende da fattori <u>esterni</u>.
   c. <u>La sconfitta</u> dipende molto spesso dalla <u>sfortuna</u>.
   d. Nove automobilisti su dieci considerano le loro capacità di guida <u>molto al di sopra</u> della media.
   e. Il numero delle percentuali è <u>superiore</u> al cento per cento, e ciò significa che l'uno o l'altro, o più spesso entrambi, <u>sovrastimano</u> il contributo in questione.
   f. La questione può avere <u>diverse</u> conseguenze <u>positive</u>, come, per esempio, <u>migliorare</u> i nostri rapporti personali.

3. **Domande di comprensione del testo ed espansione.**

   a. Perché, secondo te, il racconto si intitola "Canestri?"
   b. Perché si parla di *self-serving bias*?
   c. Che cosa significa, per te, l'aneddoto raccontato da Freud?
   d. Come può la consapevolezza del *self-serving bias* avere delle conseguenze positive?
   e. Pensi che il *self-serving bias* sia una scoperta importante?
   f. Nel racconto Carofiglio elenca quattro aree in cui il *bias* (*self-serving*) è più presente: lo sport, la finanza, la scuola, la politica. Trova degli esempi per ognuno.
   g. Sei d'accordo con Carofiglio quando afferma che l'idea del successo è essere responsabili delle proprie azioni e non incolpare gli altri delle nostre sconfitte? Spiega.
   h. Tra i tuoi amici o conoscenti, a chi suggeriresti di leggere questo racconto e perché?

4. **Scrittura.**

    Esiste la verità assoluta? Scrivi una composizione portando degli esempi.

5. **Presentazione orale.**

    Prepara una presentazione sugli stereotipi che esistono nel tuo paese.

D. ELABORAZIONE

1. **La letteratura.**

    - *L'esclusa*, Luigi Pirandello. Il romanzo, ambientato in un paese della Sicilia, affronta il tema del pregiudizio.
        a. Fai un breve riassunto del romanzo e preparati a discutere i temi affrontati da Pirandello.
        b. Come collegheresti il romanzo di Pirandello con il racconto di Carofiglio?
        c. Ci sono punti in comune?

2. **Il cinema.**

    - *The Man Who Knew Infinity* (*L'uomo che vide l'infinito*), Matthew Brown, basato sull'omonimo romanzo di Robert Kanigel.
        a. Come potresti relazionare questa storia ai bias cognitivi?
        b. Prepara una lista di riflessioni e discutine in classe.

3. **Persone famose.**

    - Albert Einstein, famoso per la teoria della relatività, ha influenzato il pensiero moderno non solo nel campo della fisica ma anche della letteratura e della filosofia.
        a. Secondo te, il relativismo (concezione che nega la conoscenza assoluta) è riconducibile al bias cognitivo? Sì, no, perché?
    - Michael Jordan è citato da Carofiglio nel racconto.
        b. Perché il suo esempio è importante?
        c. Perché è importante ammettere di sbagliare?
        d. Fai queste domande ai tuoi compagni e poi riporta i risultati all'intera classe.

Curiosità

Conosci l'espressione "fare canestro?" Significa "vincere," "raggiungere uno scopo." Secondo te, c'è un nesso con il racconto?

4. **Bias e stereotipi.**

    Alcuni dei bias più ricorrenti.

    - Di conferma
    - Di controllo

- Di errore logico
- Di eccesso di fiducia

   a. Ricerca la definizione di uno dei bias sopraelencati.
   b. Il bias cognitivo tende a creare lo stereotipo. Definisci la parola stereotipo.

Gli stereotipi più comuni negli Stati Uniti sugli italiani.

- Amano la pasta e la mangiano tutti i giorni.
- Parlano con i gesti.
- Hanno stile e vestono sempre alla moda.
- Sono mafiosi.
- Hanno famiglie grandissime.

   c. Esistono questi stereotipi nel tuo paese?

E. REVISIONE GRAMMATICALE

1. **Riscrivi i seguenti paragrafi al *singolare*.**

   a. "I profitti sono merito degli abili, esperti, astuti manager e le perdite sono colpa della crisi (e, sia detto per inciso, i suddetti abili, esperti, astuti manager ricevono premi quando le cose vanno bene ma non pagano quasi mai quando le cose vanno male)" (*Passeggeri notturni*, 41).
   b. "Tendiamo a considerarci più intelligenti, più abili, più capaci di comportamenti moralmente corretti, più sani di quelli che sono più o meno nelle nostre stesse condizioni: compagni di scuola e di università, colleghi di lavoro e via discorrendo" (Ibid., 42).

2. ***Congiuntivo* o *indicativo*? Completa con la forma corretta del congiuntivo o dell'indicativo.**

   a. Credo che il *self-serving bias* (essere) _____ un concetto importante. È un fenomeno complesso per cui le persone (sentirsi) _____ più inclini a sopravvalutare le proprie qualità e a sminuire i difetti.
   b. Se superiamo una prova, penso che questo (dipendere) _____ dalle nostre abilità, ma se non superiamo la prova (ammettere) _____ che il fallimento dipende da fattori esterni. Mi sembra che il fenomeno (manifestarsi) _____ nel mondo dello sport, della scuola, dell'università, dell'economia, e della politica.
   c. È importante che le persone (rendersi) _____ consapevoli del *self-serving bias* perché ciò può migliorare i rapporti personali e la comprensione del mondo. Sebbene si (potere) _____ trasformare l'idea che abbiamo del successo e dell'insuccesso, penso che il risultato più positivo (consistere) _____ nell'accettare che gli unici responsabili delle proprie sconfitte (essere) _____ noi, piuttosto che attribuirle agli altri.
   d. Penso che Bill Gates (dire) _____ che il modo migliore per raggiungere il successo è raddoppiare i nostri fallimenti. Goethe (ammettere) _____ che sono gli errori dell'uomo a renderlo amabile, mentre Niels Bohr (affermare) _____ che il vero esperto è chi (commettere) _____ tutti gli errori possibili.

3. **Congiuntivo o infinito?** Riscrivi il brano che segue con il congiuntivo o l'infinito a seconda della necessità. Usa *Credo che* o *Credo di*. L'esercizio è avviato.

"Michael Jordan è stato più specifico, più dettagliato:

> Nella mia carriera ho sbagliato più di 9000 tiri. Ho perso 300 partite. Per 36 volte i miei compagni si sono affidati a me per il canestro decisivo e io l'ho sbagliato. Ho fallito tante e tante volte nella mia vita. Ed è per questo che alla fine ho vinto tutto"
> (*Passeggeri notturni*, 43)

Credo che Michael Jordan sia stato più specifico, più dettagliato: Nella mia carriera credo…

4. **Cambia i verbi sottolineati con il *si impersonale* o *passivante*.**

   a. Il *self-serving bias* è quel fenomeno complesso per cui, in pratica, <u>tendiamo</u> a sopravvalutare le nostre qualità. Se <u>superiamo</u> una prova, questo dipende dalla nostra abilità e dai nostri sforzi. Se non la <u>superiamo</u>, l'insuccesso dipende da fattori esterni. <u>Possiamo osservare</u> il fenomeno nel mondo dello sport, dell'economia, della scuola e dell'università, e della politica.

   b. Troppo spesso ci <u>consideriamo</u> più intelligenti, più abili, più capaci di comportamenti moralmente corretti e <u>siamo inclini</u> addirittura a sopravvalutare le nostre prospettive di longevità.

   c. Se <u>siamo</u> consapevoli del *self-serving bias* sottraendoci, almeno in parte, ai suoi effetti, <u>possiamo avere</u> diverse conseguenze positive. <u>Possiamo migliorare</u> i nostri rapporti personali e la nostra comprensione del mondo. Soprattutto, <u>possiamo trasformare</u> l'idea che <u>abbiamo</u> del successo e dell'insuccesso. Se <u>accettiamo</u> che le nostre sconfitte dipendano, di regola, da noi, questo ci consente di imparare da esse.

Approfondimento di riflessione

- Film: *Promozione per meriti personali*, Oreste Gherardini.
- Letteratura: *Gulliver's Travels* (*I viaggi di Gulliver*), Jonathan Swift; *Il pregiudizio sociale*, Tullio Tentori.

Bibliografia

Austen, Jane. *Pride and Prejudice*. London: T. Egerton, 1813.
Kanigel, Robert. *The Man Who Knew Infinity*. New York: Charles Scribner's Sons, 1991.
Pirandello, Luigi. *L'esclusa*. Roma: <u>La Tribuna</u>, 1901.
Pride and Prejudice. Regia di Joe Wright. Focus Features, 2005.
Promozione per meriti personali. Regia di Oreste Gherardini. Napoli Film, 1914.
Swift, Jonathan. *Gulliver's Travels*. London: Benjamin Motte, 1726.
Tentori, Tullio. *Il pregiudizio sociale*. Roma: Studium, 1962.
The Man Who Knew Infinity. Regia di Matthew Brown. Warner Bros., 2015.

UNITÀ 14
STANLIO E OLLIO

A. INTRODUZIONE ALLE TEMATICHE DEL RACCONTO

- Sai chi sono Stanlio e Ollio?
- Fai delle anticipazioni sul contenuto del racconto in base al titolo.

1. Visione del film *I soliti ignoti*, Mario Monicelli.
    a. Elenca i temi principali del film.
    b. Scegli il personaggio o la scena che trovi più interessante e spiega perché.
    c. Che cosa potrebbe significare il titolo del racconto? Rifletti sul film che hai visto e scegli tra le possibilità che seguono.

    - Complicità
    - Brutte intenzioni
    - La truffa avviene sempre in coppia
    - Basta guardare le persone e si capiscono le intenzioni

d. Pensi che truffare le persone sia un reato? Sì, no, perché?
e. Se assisti a una rissa che cosa fai?
- Intervieni
- Non dici niente e guardi
- Fai finta di niente e te ne vai
- Parteggi per il più forte
- Cerchi aiuto

f. Se vedi un bambino che chiede aiuto che cosa fai?
- Lo aiuti senza fare domande
- Chiami qualcuno
- Pensi sia una trappola

B. VOCABOLARIO INIZIALE

retromarcia	*reverse*
botta	colpo
persino	*even*
subentra	arriva
conoscente	una persona che si conosce
malavitosi	malviventi
non sanno che farsene	*they don't know what to do with it*
risarcimento	rimborso
tira fuori	porta fuori
guai	problemi
malcapitato	*unfortunate*
in bilico	nell'incertezza
sconcerto	stupore
spavento	paura
truffatore	disonesto
spintonando	spingendo
colluttazione	*fight*
affatto	*at all*
manata	schiaffo
energumeno	violento
che cazzo vuoi	*what the fuck do you want*
entrambi	tutti e due
spaesato	confuso
abbia sbrigato	abbia finito
esterrefatto	stupito
unisono	insieme
ci siamo stretti nelle spalle	*we shrugged*

1. Inserisci le parole mancanti. Aiutati con il vocabolario iniziale.

Durante una _____ i _____ hanno creato un grande _____. Mi sono fermato con l'auto a guardare e uno di loro mi ha detto: _____? Io ero _____. Tutti mi hanno guardato _____ e io sono scappato via dalla scena in _____ perché avevo paura di essere nei guai.

C. DOPO LA LETTURA

1. **Scrivi i sinonimi delle parole/espressioni date che trovi nel testo in ordine cronologico.**

    a. efficiente
    b. anche
    c. per niente
    d. rumore secco
    e. tutti e due
    f. ha detto confusamente
    g. al contrario
    h. simultaneamente

2. **Nei seguenti gruppi di parole identifica l'iperonimo, cioè la parola che include tutte le altre come nell'esempio.**

    a. padre   madre   figlio   **famiglia**
    b. volante   sedile   auto   cruscotto
    c. loro   pronome   glielo   sua
    d. istante   ora   secondo   minuto
    e. ruota   bicicletta   manubrio   catena
    f. sguardo   profondo   penetrante   spento
    g. scapole   clavicole   spalle   omeri
    h. dorso   dito   falange   mano

3. **Domande di comprensione del testo ed espansione.**

    a. Racconta ad alta voce la storia del racconto. Includi:
        - Qual è il soggetto del racconto
        - Chi sono i personaggi
        - Che cosa fa la donna
        - Come reagisce il truffatore
        - Come finisce il racconto

    b. (Il ragazzo, dopo una manata alla carrozzeria, si butta a terra) "Andatevene che è meglio per tutti" (*Passeggeri notturni*, 45). Con queste poche efficaci parole Carofiglio aggiunge un tono minaccioso alla storia.
        - Secondo te, perché l'autore usa questa espressione?
        - Ne sai individuare delle altre?

    c. Quale personaggio, a tuo parere, viene descritto nel modo più convincente? Spiega.

    d. Che tipo di scrittura usa l'autore nel racconto? Colloquiale, formale, drammatica, altro? Da cosa la riconosci?

    e. Il racconto finisce con la frase "questa storia prima o poi andava scritta" (Ibid., 46). Pensi ci sia un messaggio che l'autore vuole darci? Se sì, qual è?

    f. Hai mai assistito ad una scena come quella descritta nel racconto. Spiega.

4. **Scrittura.**

   Prendendo ispirazione dal racconto di Carofiglio, scrivi una composizione che abbia come soggetto una truffa. Ricordati di:
   - Scegliere il titolo della composizione
   - Introdurre il luogo e i personaggi della storia
   - Sviluppare l'argomento
   - Dare un finale efficace

5. **Presentazione orale.**

   Fai una descrizione fisica di una persona che conosci bene. Usa qualche comparativo e includi una nota caratteriale che la distingue.

D. ELABORAZIONE

1. **Duo Laurel-Hardy (Stanlio e Ollio).**

   Stanlio e Ollio sono diventati famosi non solo per la loro comicità, ma anche per la nuova tecnica adottata dal cinema "lo sguardo in camera" (*camera look*), espediente cinematografico che consiste nel rivolgersi direttamente agli spettatori. Questo metteva in risalto il linguaggio del corpo e la comunicazione non-verbale.

   a. Ricerca questo duo e prepara una presentazione facendo vedere delle scene in cui è evidente "lo sguardo in camera."

   b. *Stan & Ollie*, Jon S. Baird, è l'ultimo film uscito in omaggio alla famosa coppia. Ritrova nel film una scena che possa documentare il linguaggio del loro corpo e presentala in classe.

Nota informativa

Secondo i linguisti, più del 90% della nostra comunicazione giornaliera è non-verbale. Ciò vuol dire che le forme di comunicazione possono essere interpretate diversamente se si appartiene ad una cultura diversa.

2. **Le coppie di comici italiani.**

Fai una breve ricerca su una delle coppie che appaiono sotto o su una coppia di comici che tu conosci. Soffermati sui contrasti somatici e caratteriali che li distinguono.

   a. Gianni e Pinotto
   b. Franco e Ciccio
   c. Bud Spencer e Terence Hill

3. **Nel racconto di Carofiglio si fa riferimento a due noti attori italiani, Elio Germano e Diego Abatantuono.**

   a. Sai chi sono? Prepara una breve presentazione sui due attori e identifica i loro ruoli principali nei film.

4. **Un attore spesso viene identificato dai suoi ruoli più fortunati nei film.**

   Esempio: Silvester Stallone → Rocky-Rambo

   Sai chi sono i personaggi che hanno reso famosi i seguenti attori?

   a. Clint Eastwood
   b. Bruce Willis
   c. Arnold Schwarzenegger
   d. Mel Gibson
   e. Harrison Ford
   f. Sean Connery
   g. Luca Zingaretti

5. **Il cinema americano ha una svariata collezione di film il cui tema è "la truffa."**

   Scegli dalla lista che segue e prepara un breve riassunto.

   - *The Sting* (*La stangata*), George Hill.
   - *Catch Me if You Can* (*Prova a prendermi*), Steven Spielberg.
   - *Matchstick Men* (*Il genio della truffa*), Ridley Scott.
   - *The Wolf of Wall Street*, Martin Scorsese.
   - *Logan Lucky* (*La truffa di Logan*), Steven Soderbergh.

E. REVISIONE GRAMMATICALE

1. **Il *comparativo*. Fai dei paragoni di uguaglianza, minoranza, e maggioranza riferendoti a Stanlio e Ollio.**

   Aggettivi utili: Alto – basso – magro – grasso – serio – allegro – elegante – simpatico – intelligente – divertente – buffo – ridicolo – strano.

   Nomi utili: Vestito – immaginazione – coraggio – amico – orgoglio – intelligenza – cappello – cravatta – fame – sete – empatia.

2. **Il *congiuntivo*. Trasforma le seguenti frasi iniziando con *Non pensavo che*, o *Era strano che* e con il tempo appropriato del congiuntivo e completale liberamente.**

   Esempio: L'hai urtato e l'hai fatto cadere. → *Non pensavo che l'avessi urtato e l'avessi fatto cadere. Spero non si sia fatto male e non ci siano brutte conseguenze.*

   a. È andata verso il tizio con decisione.
   b. Il ragazzo dà una forte manata alla carrozzeria e si butta a terra.
   c. La testa è rimbalzata come un punching bag.
   d. Ha scosso la testa e ha borbottato qualcosa, poi ha fatto un cenno al ragazzo.
   e. I due se ne vanno come nel finale di un film di Stanlio e Ollio.
   f. La donna invece se n'è andata come chi abbia appena ultimato una banale formalità.
   g. Lui è risalito in macchina ed è ripartito velocemente.

86 STANLIO E OLLIO

3. **Coniuga i verbi tra parentesi al tempo giusto del *congiuntivo*.**

   Era una scena vecchia, più di quanto io (immaginare) _____. Stavo facendo una passeggiata quando ho sentito un colpo secco e ho visto un bambino cadere dietro una macchina. Prima che io (riuscire) _____ ad avvicinarmi alla scena, è arrivato un uomo dall'aria minacciosa accusando l'automobilista di aver colpito il bambino. C'erano molte persone lì vicino, e nonostante tutti (vedere) _____ cosa era successo, nessuno si è fatto avanti. Poi all'improvviso una donna che ha detto di aver visto quello che era accaduto è andata verso l'uomo e gli ha dato un forte schiaffo facendogli rimbalzare la testa come se (essere) _____ un punching bag. Temendo che qualcosa di veramente brutto (potere) _____ accadergli, l'uomo ha fatto un cenno al bambino e sono andati via.

4. **L'*imperativo*. Trasforma l'imperativo formale in informale e viceversa, facendo altri cambiamenti quando necessari. L'esercizio è avviato.**

   a. Tira **TIRI** fuori il portafoglio e paga _____ subito, se vuoi evitare guai.
   b. Lasci _____ perdere. Gliel'ho già detto: prenda _____ il ragazzino e se ne vada _____.
   c. Non alzi _____ la voce e non pretenda _____ un risarcimento.
   d. Scendi _____ dall'auto e guarda _____ che cosa è successo, poi se vedi qualcuno che si lamenta, ascoltalo _____, ma poi risali _____ nell'auto e stai _____ tranquillo perché quello a cui hai assistito è tutto un trucco.

Approfondimento di riflessione

- Letteratura: *Furto in una pasticceria*, Italo Calvino; *Le Faiseur* (*Mercadet l'affarista*), Honoré de Balzac; *The Confidence-Man: His Masquerade* (*L'uomo di fiducia*), Herman Melville.
- Film: *Margin Call*, J.C. Chandor.
- Arte: *I bari*, Caravaggio; *Soldati che giocano a carte*, Il Pitocchetto.

Bibliografia

Abatantuono, Diego, (1955–).
Balzac, Honoré de. *Le Faiseur*. Paris: Alexandre Cadot, 1848.
Bud Spencer e Terence Hill. 1967–1985.
Calvino, Italo. "Furto in una pasticceria." *Ultimo viene il corvo*. Torino: Einaudi, 1949.
Caravaggio. *I bari*. 1594. Kimbell Art Museum, Forth Worth.
Catch Me if You Can. Regia di Steven Spielberg. DreamWorks Pictures, 2002.
Connery, Sean. (1930–).
Eastwood. (1930–).
Ford, Harrison. (1942–).
Franco e Ciccio. 1961–1982.
Germano, Elio. (1980–).
Gianni e Pinotto. 1935–1950.
Gibson, Mel. (1956–).
Il Pitocchetto. *Soldati che giocano a carte*. 1720–1730 ca. Galleria Canesso, Lugano.
I soliti ignoti. Regia di Mario Monicelli. Lux Film, 1958.
Laurel & Hardy. 1921–1951.

Logan Lucky. Regia di Steven Soderbergh. Fingerprint Releasing, 2017.
Margin Call. Regia di J.C. Chandor. Lionsgate, 2011.
Matchstick Men. Regia di Ridley Scott. Warner Bros., 2003.
Melville, Herman. *The Confidence-Man: His Masquerade*. New York: Dix, Edwards & Co., 1857.
Schwarzenegger, Arnold. (1947–).
Stan & Ollie. Regia di Jon S. Baird. Sony Pictures Classics 2018.
The Sting. Regia di George Hill. Universal Pictures, 1973.
The Wolf of Wall Street. Regia di Martin Scorsese. Paramount, 2013.
Willis, Bruce. (1955–).
Zingaretti, Luca. (1961–).

UNITÀ 15

LA SCORTA

LA SCORTA UN PRIVILEGIO?

A. INTRODUZIONE ALLE TEMATICHE DEL RACCONTO

- Sai che cosa significa "scorta" o "avere una scorta?" Condividi i tuoi pensieri con il resto della classe.

1. Visione del film *La scorta*, Ricky Tognazzi.

    a. Riassumi brevemente la trama del film.
    b. In che modo si potrebbe collegare il film al racconto dell'unità e perché?
    c. Perché una persona ottiene la scorta?
    d. Conosci qualche persona che ha la scorta?
    e. È giusto che le persone dopo essere state minacciate abbiano la scorta?
    f. Nel tuo paese quando le persone vengono minacciate hanno la scorta?

2. La scorta di Aldo Moro.

Era il 16 marzo 1978, Per l'Italia iniziava la pagina nera del rapimento di Aldo Moro. Venne rapito da un commando armato delle Brigate Rosse dopo un raid che colpì la sua scorta mentre viaggiava verso Montecitorio. Cinque gli uomini della scorta uccisi. Aldo Moro venne portato via in auto e il 9 maggio una telefonata anonima fece ritrovare il suo corpo nel bagagliaio di un'auto.

    a. Secondo te, perché Aldo Moro aveva la scorta e perché gli uomini della sua scorta sono stati uccisi?

B. VOCABOLARIO INIZIALE

gode	ha
fiancheggiatori	sostenitori
insomma	in breve
paiono (parere)	sembrano
discredito	vergogna
incarichi	compiti
inquisito	investigato
meritata	*deserved*
munita	provvista
lampeggiante	*blinking light*
imboccato	preso
mascalzone	disonesto
perlomeno	come minimo
autoreferenzialità	fa riferimento a se stesso
cogliere	vedere
malaffare	disonestà
detentori	possessori

1. **Nei seguenti gruppi di parole, scegli quella che include le altre come nell'esempio.**

a.	mese	**anno**	settimana	ora	giorno
b.	armadio	scrivania	tavolo	mobile	divano
c.	vespa	macchina	motorino	treno	mezzo di trasporto
d.	colazione	cena	pranzo	pasto	merenda
e.	gerundio	volendo	uccidendo	essendo	andandomene
f.	carreggiata	banchina	strada	corsia	strisce
g.	ristorante	bar	osteria	locale	pizzeria
h.	poesia	novella	letteratura	racconto	saggio

C. DOPO LA LETTURA

1. **Abbina le parole della colonna A con le parole della colonna B con cui sembrano più strettamente in relazione.**

   A
   a. politica
   b. scorta
   c. ladri
   d. poliziotti
   e. inquisito
   f. corruzione

   B
   g. malaffare
   h. carabinieri
   i. sospettato
   l. mafiosi
   m. governo
   n. sicurezza

2. **Domande di comprensione del testo ed espansione.**

   a. Di che cosa parla il racconto? Scegli dalla lista che segue e giustifica la scelta.
   - Potere
   - Corruzione
   - Responsabilità
   - Consapevolezza
   - Spreco
   - Privilegio

   b. Che cosa pensa il narratore della scorta?
   c. Il politico è attualmente indagato?
   d. Come si accorge il narratore che il politico ha la scorta?
   e. Ha problemi di sicurezza il politico?
   f. Nel racconto si leggono parole come corrotti, ladri, fiancheggiatori, mafiosi, delinquenti. A chi si riferiscono, secondo te? Scegli e giustifica la tua risposta.
   - Politici
   - Persone di potere
   - Amici
   - Imprenditori
   - Nessuno in particolare

   g. Rifletti e commenta ciò che segue:

   "Questo signore [...] è incapace di capire come la sua inconsapevolezza, e quella di tanti come lui, stia letteralmente uccidendo – più ancora del malaffare e della corruzione – la speranza di una politica in cui i cittadini possano riconoscersi" (*Passeggeri notturni*, 49).

   h. Il racconto finisce con una citazione di Marcel Proust, "Il vero viaggio di scoperta non è cercare posti nuovi ma avere *occhi* nuovi" (Ibid., 49). Sei d'accordo? Perché?

3. **Scrittura.**

   Scrivi una composizione in cui rifletti sulla citazione di Marcel Proust. Spiega se sei d'accordo o no e giustifica le tue osservazioni.

4. **Presentazione orale.**

   Racconta brevemente di una scorta di cui hai letto o sentito parlare. Puoi riferirti a politici, attori, o qualsiasi altro personaggio famoso.

D. ELABORAZIONE

- **Politica/Politico.**

   La prima definizione di *politica* (dal greco πολιτικος, politikós) risale ad Aristotele ed è legata al termine "polis," che in greco significa città, la comunità dei cittadini.

   Politico (aggettivo) che riguarda la politica, sia sul piano teorico che pratico; (sostantivo) persona che parla e agisce con astuzia e diplomazia.

1. **Leggi l'intervista a Dustin Hoffman in occasione dell'uscita della serie televisiva *I Medici* su Rai 1 (*repubblica.it*, 28 settembre 2016) e rispondi alle domande che seguono.**

   a. Sai chi era Giovanni de' Medici?
   b. Che tipo di potere aveva Giovanni a Firenze?
   c. Secondo te, Giovanni ambiva al potere per sé e/o per suo figlio?
   d. E tu? Esprimi i tuoi pensieri sul "potere" del potere.

2. **Sasha Obama e il lavoro estivo al ristorante, con la scorta (*corriere.it*, 5 agosto 2016).**

   a. Ricerca e commenta il breve articolo.
   b. Confronta questa esperienza con quella presente nel racconto che hai letto.
   c. Pensi che la scorta sia un diritto o un privilegio? Perché?

3. **Roberto Saviano, giornalista e scrittore, vive sotto scorta da 12 anni dopo le minacce ricevute alla pubblicazione del suo libro *Gomorra*.**

   Leggi l'articolo apparso su *La Repubblica*, "Roberto Saviano racconta i suoi dieci anni sotto scorta" autografato da lui stesso, il 17 ottobre 2016.

   a. Discuti il significato della libertà di espressione.
   b. Che cosa cambia nella vita quotidiana dello scortato?
   c. Vale la pena, secondo te, iniziare una battaglia contro il crimine organizzato? Giustifica la tua risposta.

E. REVISIONE GRAMMATICALE

1. **Dei seguenti verbi dai il *participio passato* usato come sostantivo e/o aggettivo quando possibile.**

   a. inquisire   *l'inquisito*   *(l'uomo) inquisito*
   b. corrompere
   c. meritare
   d. accendere
   e. incaricare
   f. sospettare
   g. scomparire
   h. rifiutare

2. **Riscrivi le frasi con il corretto *participio passato*.**

   Esempio: Dopo essere sceso dalla macchina, ha aperto gli sportelli. → *Sceso dalla macchina, ha aperto gli sportelli.*

   a. Dopo essere uscito dal ristorante, si sono parlati.
   b. Dopo aver visto che aveva una scorta, gli ho chiesto il perché.
   c. Dopo essersi salutati, sono ritornati con le proprie compagnie.
   d. Dopo essere entrati nell'auto, la macchina è subito partita.
   e. Dopo essere partita con il lampeggiante acceso, la macchina ha imboccato una corsia preferenziale.
   f. Dopo aver ricevuto l'offerta della scorta, si può facilmente rifiutarla.
   g. Dopo aver scritto due righe al prefetto, la scorta verrà revocata.
   h. Dopo aver visto questa scena, sono rimasto molto colpito.

3. **Trasforma le frasi implicite con il gerundio in *frasi esplicite*.**

   Esempio: Vedendolo con la scorta, mi sono detto che gli avrei chiesto spiegazioni. → *Siccome l'ho visto con la scorta, mi sono detto che gli avrei chiesto spiegazioni.*

   a. È davvero molto semplice, volendo.
   b. Bastano solo due righe al prefetto spiegando che non corri alcun rischio.
   c. La scorta e la macchina sono privilegi ingiustificati e tu essendo un politico serio, chiedi che la relativa assegnazione venga revocata.
   d. Andandomene, riflettevo tra me.
   e. Pur essendo intelligente, è incapace di capire come la sua inconsapevolezza stia letteralmente uccidendo più ancora del malaffare e della corruzione.
   f. Forse sarebbe utile ricordare quello che Marcel Proust diceva parlando del potere della letteratura.

4. **Trasforma le frasi esplicite usando il *gerundio presente* o *passato*.**

   Esempio: Dato che l'auto è partita con il lampeggiante acceso, ha consumato la batteria. → *Essendo partita con il lampeggiante acceso, l'auto ha consumato la batteria.*

   a. L'auto ha imboccato una corsia preferenziale mentre andava ad alta velocità.
   b. Poiché l'auto è scomparsa nella notte velocemente, io non ho visto chi la guidava.

c. Dato che avevo incontrato il politico in passato, pensavo di conoscerlo bene.
d. Sebbene vedessi che il politico aveva una scorta, non gli chiesi il motivo.
e. Dal momento che gli è rimasta la scorta, viaggia tranquillo da tutte le parti.
f. Se non parlasse di politica, la conversazione sarebbe più interessante.
g. Ci siamo salutati prima di partire nonostante lo avessimo già fatto la sera prima.
h. Siccome è inconsapevole della sua condizione di ingiusto, non riesce a comprendere la gravità della situazione.

5. **Riscrivi i seguenti brani al *passato*. Attenzione ai tempi e modi verbali!**

   a. "Il problema più serio è che molti tra coloro che alla politica si dedicano professionalmente, e magari anche onestamente, paiono non rendersi davvero conto delle ragioni di questo discredito" (*Passeggeri notturni,* 47).
   b. "Non puoi rifiutarla? Come sarebbe a dire, non puoi rifiutarla? Certo che puoi, basta dirlo. È molto semplice, volendo. Basta scrivere due righe al prefetto spiegando che non corri alcun rischio, che la scorta e la macchina sono solo un privilegio ingiustificato e che, essendo un politico serio e un cittadino consapevole, chiedi che la relativa assegnazione venga subito revocata" (Ibid., 48).

Approfondimento di riflessione

- Film: *The Godfather* (*Il padrino*), Francis Ford Coppola; *La scorta di Borsellino: Emanuela Loi*, Stefano Mordini.
- Aldo Moro, statista italiano rapito dalle Brigate Rosse.

Bibliografia

Hoffman, Dustin. (1937–).
La scorta. Regia di Ricky Tognazzi. Italnoleggio, 1993.
La scorta di Borsellino: Emanuela Loi. Regia di Stefano Mordini. Film TV della serie "Liberi sognatori," 2018.
Moro, Aldo. (1916–1978).
Proust, Marcel. (1871–1922).
Saviano, Roberto. *Gomorra*. Milano: Mondadori, 2006.
The Godfather. Regia di Francis Ford Coppola. Paramount, 1972.

UNITÀ 16
MARIO BIS

A. INTRODUZIONE ALLE TEMATICHE DEL RACCONTO

Bis: Dal latino bis = due volte.

- Prova a dedurre il contenuto del racconto in base al titolo.

Ricerca e rifletti sui seguenti quadri rispondendo alle domande che seguono.

1. Honoré Daumier, *Le vagon de troisième classe* (*Il vagone di terza classe*).
    a. Descrivi il quadro e includi qualche caratteristica che ti colpisce in modo particolare, poi spiega perché.
2. Max Beckmann, *Conversation* (*Conversazione*).
    a. Che tipo di persone sono rappresentate nel quadro? Come sono vestite? Di che cosa staranno parlando?
    b. Quale relazione ci potrebbe essere tra questi due quadri e il tema del racconto?

B. VOCABOLARIO INIZIALE

in affanno	preoccupato
ormai	a questo punto
scade il termine per la consegna	*it is the deadline for submission*
sono alle prese	sono impegnato
incipit	inizio
avvolta	*wrapped*
densa	*thick*
Opium	marca di un profumo
scollatura	décolleté
impegnativa	*challenging*
belloccio	attraente
tizio	*guy*
cinguetta	dice
dirimpettaio	persona seduta di fronte
coetanei	di uguale età
ribattezzato	*renamed*
ninfomane	*nymphomaniac*
sporcaccione	*naughty*
strizza l'occhio	*winks*
carico	pieno
ganascini	stringere tra l'indice e il medio la guancia di qualcuno in segno di affetto
Scherzi a parte	trasmissione televisiva italiana
pernacchie	rumori volgari con la bocca
ammiccante	*flirty*
sconsolata	triste

C. DOPO LA LETTURA

1. **Associa le espressioni della colonna A con quelle della colonna B con cui ti sembrano più strettamente collegate.**

   A
   a. si tira indietro
   b. è alla prese con
   c. è in affanno
   d. lascia perdere
   e. ne sa una più del diavolo
   f. ha l'aria di uno sporcaccione

   B
   g. ha l'aspetto vizioso
   h. cambia idea
   i. è astuta e scaltra
   l. è impegnata con
   m. è in ansia
   n. non continua a

2. **Le parole polisemiche. Indica se le parole sottolineate sono usate in senso concreto (C) o figurato (F).**

   a. Una signora … <u>avvolta</u> in una nuvola di Opium.
   Prima di uscire ha preso la sciarpa e l'ha <u>avvolta</u> al collo.

   b. Lei dove va? – <u>cinguetta</u> la signora.
   Il canarino <u>cinguetta</u> allegramente.

c. Era freddo, ma il ragazzo ha deciso di <u>immergersi</u> nell'acqua gelata.
   Il tizio alzò lo sguardo ma subito ritornò a <u>immergersi</u> nello schermo del computer.
d. Gli <u>lancia</u> uno sguardo carico di allusioni.
   Esce di casa arrabbiata, ma prima gli <u>lancia</u> un libro addosso.
e. Il <u>termine</u> "favellare" non si usa quasi più.
   Domani scade il <u>termine</u> per la consegna.
f. Qual è il tuo <u>rapporto</u> con il sesso, Mario bis?
   Tra questi autori non c'è <u>rapporto</u>: il primo è di gran lunga superiore.
g. <u>Viaggio</u> in treno da Milano a Roma.
   <u>Viaggio</u> con la mente in paesi lontani.

3. Domande di comprensione del testo ed espansione.

a. Qual è, a tuo parere, il significato del titolo del racconto?
b. Descrivi il comportamento e il carattere dei due personaggi e il modo in cui interagiscono.
c. Come potresti definire la loro conversazione?
d. Il narratore è uno dei personaggi della storia oppure è estraneo alla vicenda?
e. Come ti sembra il linguaggio dell'autore, semplice o complesso? Ci sono vocaboli di difficile comprensione?
f. Pensi che ci sia un messaggio nel racconto? Spiega.
g. Chiedi a due compagni di leggere ad alta voce il dialogo tra Marina e Mario. Chiedi di fare attenzione all'intonazione delle parole e al loro significato. Dopo commenta il dialogo ascoltato con il resto della classe.
h. Ti sei mai trovato/a in una situazione simile a quella del racconto? Spiega.
i. Che cosa rappresenta per te il viaggio in treno? Scegli dalla lista che segue e giustifica la scelta.

- La possibilità di un'avventura improvvisa
- La libertà dell'attenzione
- Un luogo di incontro e condivisione

l. Quanti tipi di persone hai incontrano in treno? Scegli dalla seguente lista quella che hai trovato più noiosa e quella più interessante e motiva la scelta.

- La persona d'affari
- Lo studente
- L'intellettuale
- Il turista
- La persona che urla al telefono
- Il bambino
- La nonna
- La persona che mangia
- L'amico/a
- Il pendolare
- La persona con una forte sudorazione
- La persona che parla in continuazione

m. Avresti fiducia in una persona incontrata casualmente? Spiega perché.

4. **Scrittura.**

   Ricerca il quadro di Edward Hopper *Compartment C, Car 293* (*Scompartimento C, Carrozza 293*). Secondo te, che cosa vuole rappresentare l'artista in questo dipinto? Scegli dalla lista che segue e spiega perché.

   - La concentrazione
   - La solitudine
   - Il piacere della lettura
   - L'alienazione

5. **Presentazione orale**.

   Crea un dialogo tra due passeggeri che si incontrano in treno per la prima volta. Almeno dieci battute a testa.

D. ELABORAZIONE

1. **La conversazione.**

   a. Scegli una delle opere sottostanti e rifletti sul tema della conversazione.

      - Nel Capitolo 11 del *Galateo*, Giovanni Della Casa parla del modo migliore per mantenere la conversazione con altre persone in occasioni pubbliche.
      - Baldassarre Castiglione, ne *Il libro del Cortegiano*, dedica molta importanza all'arte della conversazione. Alla base di ogni comportamento c'è una regola universale che Castiglione chiama *sprezzatura*, ossia l'arte di saper dissimulare.
      - *Conversazione in Sicilia*, di Elio Vittorini, racconta del viaggio di un uomo nella terra natia, delle persone che incontra, e delle conversazioni che ha con queste.
      - La "conversazione" fotografica di Vittorini: Dodici anni dopo l'uscita di *Conversazione in Sicilia*, ne esce una seconda versione con circa 200 fotografie scattate dallo scrittore durante il viaggio.

E. REVISIONE GRAMMATICALE

1. **Riscrivi il seguente paragrafo al *passato*. Poi, con parole tue, spiega le parti sottolineate.**

   "Sono alle prese con la quinta o la sesta versione dell'incipit quando il treno si ferma alla stazione di Bologna. Fra gli altri passeggeri sale a bordo una signora non giovanissima – diciamo, con qualche generosità, attorno ai settanta – avvolta in una densa nuvola di Opium. È truccata in modo alquanto vistoso, non è magra, esibisce una scollatura che sarebbe impegnativa anche per una trentenne e certamente non è stata immune da ripetuti incontri con la chirurgia estetica. Va a sedersi di fronte a un signore belloccio, più o meno della mia età, con l'aria del manager, intento a lavorare sul suo computer."

   (*Passeggeri notturni*, 50)

2. **Sostituisci l'infinito con il *gerundio*.**

   Esempio: <u>Nel sentire</u> queste parole l'uomo comincia a preoccuparsi. → *Sentendo queste parole l'uomo comincia a preoccuparsi.*

   <u>Nel viaggiare</u> in treno si fanno spesso degli incontri inaspettati. Alla stazione di Bologna è salita a bordo una donna che, <u>nell'entrare</u> nello scompartimento, ha cominciato a parlarmi. Io le ho risposto brevemente e sono ritornato al mio lavoro. La donna ha continuato con le domande ed io ho pensato che <u>con il rispondere</u> in monosillabi lei mi avrebbe lasciato in pace. Ma non è andata così. Dopo avermi strizzato l'occhio, la donna ha finito <u>con il lanciarmi</u> uno sguardo carico di allusioni. Poi si è alzata e <u>nel protendersi</u> verso di me mi ha fatto un ganascino ed è uscita dallo scompartimento.

3. **Forma una frase unica con il *gerundio* e/o il *pronome relativo*.**

   Esempio: Viaggio in treno. Incontro una persona. La persona comincia a parlare. → *Viaggiando in treno, incontro una persona che comincia a parlare.*

   a. Nel treno ci sono due persone. Parlano per molto tempo. Si raccontano la loro infanzia.
   b. La donna si siede davanti a un bel signore. Il signore ha più o meno la mia età. La donna si sente molto sicura di sé.
   c. Scriveva un articolo per una rivista. Il nome della rivista è *Venere*.
   d. Scriveva lentamente. Non riusciva a rispettare le scadenze. Per questo motivo ha perso il lavoro.
   e. La donna si annoiava. È passata a raccontare un aneddoto. L'aneddoto non è stato capito.
   f. L'uomo scrive su un foglietto un numero di telefono. Il numero è falso.

4. **Dal *discorso diretto* al *discorso indiretto*: Indicativo e imperativo. Attenzione alle forme verbali, all'uso dei pronomi, e alle altre parole che cambiano nel passaggio.**

   Esempio: La signora chiede all'uomo: "Lei dove va?" → *La signora chiede all'uomo dove va.*

   La signora dice all'uomo:

   a. "Che cosa scrive di bello?"
   b. "Forse l'ho vista in televisione."
   c. "Diamoci del tu, che a occhio e croce siamo quasi coetanei."
   d. "Le racconterò un aneddoto."

   La signora ha detto all'uomo:

   e. "Che lavoro fa?"
   f. "Avevo un fidanzato che si chiamava Mario. Ci siamo divertiti tanto. Poi lui è morto."
   g. "Gli piacerà questo aneddoto."
   h. "Diamoci del tu."

5. **Riscrivi usando il *discorso indiretto*. Dopo rifletti su cosa cambia nel passaggio dal discorso diretto a quello indiretto.**

   Carofiglio ha detto:

   a. "Sto cercando di scrivere un pezzo per una rivista e sono piuttosto in affanno, perché l'argomento non mi piace (mi sono pentito di avere accettato, ma ormai non posso più tirarmi indietro) e soprattutto perché domani scade il termine per la consegna" (*Passeggeri notturni*, 50).
   b. "Sono alle prese con la quinta o sesta versione dell'incipit quando il treno si ferma alla stazione di Bologna. Fra gli altri passeggeri sale a bordo una signora […] va a sedersi di fronte a un signore belloccio, più o meno della mia età" (Ibid., 50).

Approfondimento di riflessione

- Film: *The Girl on the Train* (*La ragazza del treno*), Tate Taylor; *The Cassandra Crossing* (*Cassandra Crossing*), George Cosmatos.
- Letteratura: *La bête humaine* (*La bestia umana*), Émile Zola; *Der Tunnel* (*Il tunnel*), Friedrich Dürrenmatt.
- Canzoni: "La locomotiva," Francesco Guccini; "Casey Jones," Grateful Dead.
- La musica che imita il treno del futurista Luigi Russolo.

Bibliografia

Beckmann, Max. *Conversation*. 1908. Alte Nationalgalerie, Berlino.
Castiglione, Baldassarre. *Il libro del Cortegiano*. Venezia: Aldine Press, 1528.
Daumier, Honoré. *Le vagon de troisième classe*. 1862–1864. The Metropolitan Museum of Art, New York.
Della Casa, Giovanni. *Galateo*. Venezia: Nicolò Bevilacqua ad istanza di Erasmo Gemini, 1558.
Dürrenmatt, Friedrich. "Der Tunnel." *Die Stadt*. Zurigo: Arche, 1952.
Grateful Dead. "Casey Jones." *Workingman's Dead*. Warner Bros. Records Inc., 1970.
Guccini, Francesco. "La locomotiva." *Radici*. EMI Italiana, 1972.
Hopper, Edward. *Compartment C, Car 293*. 1938. IBM Corporation, Armonk, New York.
Russolo, Luigi. (1885–1947).
The Cassandra Crossing. Regia di George P. Cosmatos. ITC Entertainment, 1976.
The Girl on the Train. Regia di Tate Taylor. DreamWorks Pictures, 2016.
Vittorini, Elio. *Conversazione in Sicilia*. Milano: Bompiani, 1941.
———. *Conversazione in Sicilia*. Edizione illustrata. Milano: Bompiani, 1953.
Zola, Émile. *La bête humaine*. Paris: Bibliothèque-Charpentier, 1890.

UNITÀ 17
POLIZIOTTO BUONO

A. INTRODUZIONE ALLE TEMATICHE DEL RACCONTO

1. Visione di uno dei film della serie dedicata a Harry Callaghan, ispettore della polizia di San Francisco. Poi rispondi alle domande che seguono.

    - *Dirty Harry (Ispettore Callaghan: il caso Scorpio è tuo)*, Don Siegel.
    - *Magnum Force (Una 44 Magnum per l'ispettore Callaghan)*, Ted Post.
    - *The Enforcer (Cielo di piombo, ispettore Callaghan)*, James Fargo.
    - *Sudden Impact (Coraggio ... fatti ammazzare!)*, Clint Eastwood.
    - *The Dead Pool (Scommessa con la morte)*, Buddy Van Horn.

a. Quali sono le caratteristiche dell'ispettore Callaghan? Scegli tra: Duro – severo – giusto – buono/cattivo – solitario/socievole – amato/odiato dai colleghi, e spiega.
b. Quali sono le sue migliori abilità e le sue debolezze?
c. Che cosa apprezzi di più in questo personaggio?
d. Secondo te, Callaghan è un poliziotto buono o un poliziotto cattivo? Motiva la tua scelta portando degli esempi.

B. VOCABOLARIO INIZIALE

insomma	in breve
suppergiù	approssimativamente
sprezzante	arrogante
cosiddetto	così chiamato (con valore ironico, scherzoso)
prepotenze	aggressività
suscita	provoca
prevaricatore	aggressivo
incline	favorevole
prescindendo	tralasciando/escludendo
liceità	legittimità
addirittura	perfino/anche
questura	commissariato di polizia
pattuglia delle volanti	squadra della polizia
spacciatore	venditore di droghe
faccia affilata	faccia magra
roba	*stuff*
mento	*chin*
stronzetto	*asshole*
prendere per il culo	forma volgare per "prendere in giro"
cazzo	*fuck*
sostiene lo sguardo	*stares back*
costringe	forza/induce
sbirri	poliziotti
poggia	mette
scrolla	muove

1. Sostituisci gli aggettivi sottolineati con altri di intensità maggiore come nell'esempio. Scegli tra quelli che seguono.

essenziale – enorme – orribile – furioso – esausto – perfido – fiasco

a. Pensi che la domanda sia <u>molto importante</u>? No, penso che sia **essenziale**!
b. È un poliziotto <u>cattivo</u>? No, è
c. Ti ha raccontato una storia <u>molto brutta</u>? No, la storia era
d. Il sospettato ha fatto un errore <u>molto grande</u>? No, ha fatto un errore
e. Ho sentito che l'interrogatorio è stato un <u>insuccesso</u>. Direi che è stato un
f. Il sospettato era <u>molto stanco</u>? Non era stanco, era
g. Alla fine dell'interrogazione il poliziotto era <u>arrabbiato</u>? Arrabbiato? No, era

2. **Dal verbo dato, scrivi il sostantivo aggiungendo -*zione* o -*mento*.**

   a. collaborare → *la collaborazione*
   b. funzionare
   c. dimostrare
   d. identificare
   e. accompagnare
   f. insegnare
   g. indicare
   h. sostenere
   i. costringere
   l. rassicurare

C. DOPO LA LETTURA

1. **Inserisci le parole mancanti. Aiutati con il vocabolario iniziale.**

   Quando una pattuglia delle _____ porta un ragazzino in _____ perché trovato in possesso di cocaina, due poliziotti decidono di interrogarlo per vedere di indentificare lo _____. Il poliziotto dalla faccia _____ farà la parte del cattivo, e l'altro sarà il buono. Il comportamento del _____ poliziotto cattivo è subito aggressivo e _____, mentre quello del poliziotto buono è amichevole e gentile, proprio per _____ simpatia. Comincia l'interrogatorio il poliziotto cattivo, urlando al ragazzino dove aveva trovato la droga e chiamandolo _____.

2. **Domande di comprensione del testo ed espansione.**

   a. Spiega brevemente di che cosa parla il racconto.
   b. Conosci la tecnica del poliziotto buono e poliziotto cattivo? Pensi che sia efficace?
   c. Secondo te, quali sono le caratteristiche essenziali del poliziotto buono e del poliziotto cattivo? Scegli dalla lista che segue e motiva la tua scelta.

   empatia – sensibilità – simpatia – intelligenza – tolleranza – intuito
   violenza – corruzione – malvagità – umanità – comprensione

   d. Nel racconto, i ruoli dei due poliziotti sono stereotipati? Spiega.
   e. Cosa pensi della soluzione insolita offerta dalla fine del racconto?
   f. Avresti preferito una fine diversa? Sì, no, perché?
   g. Hai recentemente letto un articolo o visto un programma televisivo in cui si parla del poliziotto buono – poliziotto cattivo? Se sì, approfondisci.
   h. Che cosa rappresenta per te la polizia? Ordine, sicurezza, tranquillità, violenza, paura, rabbia, odio, altro? Spiega.
   i. Fai una ricerca sugli emblemi della Polizia di Stato italiana poi introduci alcuni emblemi della polizia del tuo paese. Se è possibile soffermati su:

   - La bandiera
   - Lo stemma araldico
   - I cimeli
   - Lo scudetto della Squadra Volante
   - Il berretto da uomo e da donna con il fregio della Polizia di Stato

3. **Scrittura**.

   Racconta la trama di uno dei film menzionati nell'unità.

4. **Presentazione orale**.

   Poliziotto buono – poliziotto cattivo. Crea un dialogo con due altri compagni tra i due poliziotti e un sospettato.

D. ELABORAZIONE

1. **Il binomio poliziotto buono – poliziotto cattivo al cinema e alla televisione.**

   a. Scegli tra i film e le serie televisive che seguono e analizza le caratteristiche che distinguono il personaggio del poliziotto buono e/o quelle del poliziotto cattivo, indicando anche quale dei due personaggi interpreta il proprio ruolo nel modo più convincente ed efficace.

   - *Notturno bus*, Davide Marengo.
   - *The Heat* (*Corpi da reato*), Paul Feig.
   - *Training Day*, Antoine Fuqua.
   - *Lethal Weapon* (*Arma letale*), Richard Donner.
   - *Mark il poliziotto*; *Mark il poliziotto spara per primo*; *Mark colpisce ancora*, Stelvio Massi.
   - *Wallander*, Henning Mankell.
   - *NCIS*, Donald P. Bellisario.
   - *The Shield*, Shawn Ryan.
   - *The Wire*, David Simon.
   - *Il commissario Montalbano*, Andrea Camilleri.
   - *Chips*, Rick Rosner.
   - *Starsky & Hutch*, William Blinn.
   - *Maigret*, Georges Simenon.

2. **Il poliziotto e l'arte.**

   - Amy E. Herman, *Visual Intelligence: Sharpen Your Perception, Change Your Life*. Amy Herman, esperta di percezione visiva, tiene delle lezioni in cui mostra opere d'arte ai poliziotti e li porta al Museo Metropolitan di New York.

     a. Ricerca Amy Herman e spiega in che cosa consiste il suo metodo di analisi per i poliziotti.

   - Il 3 maggio 1969 venne istituito in Italia il "Comando Carabinieri Ministero Pubblica Istruzione Nucleo Tutela Patrimonio Artistico" in diretto coordinamento con la Direzione Generale delle Antichità e Belle Arti. Al Comando sono indirizzate tutte le segnalazioni concernenti il trafugamento e gli illeciti commerci di opere d'arte.

     b. Trova delle opere d'arte recuperate dal servizio dei Carabinieri e individua le dinamiche del ritrovamento.

E. REVISIONE GRAMMATICALE

1. **Cambia le parole sottolineate con dei *sinonimi*. Poi confronta la tua versione con quella originale indicando quale ti sembra più efficace e perché.**

   (La tecnica) "<u>Viene</u> utilizzata negli interrogatori di sospettati o di testimoni <u>reticenti</u>. <u>Insomma</u> di <u>soggetti</u> poco <u>inclini</u> a collaborare con gli investigatori. I ruoli, come è <u>ovvio</u>, vengono <u>decisi</u> prima di cominciare" (*Passeggeri notturni,* 53).

   "È un metodo vecchio che <u>però</u> – prescindendo da ogni considerazione sulla sua <u>liceità</u> etica o <u>addirittura</u> giuridica – <u>funziona</u> sempre" (Ibid., 53).

2. **Completa con le *congiunzioni* appropriate scegliendo tra quelle date.**

   *affinché – che – mentre – perché
   sebbene – in modo che – prima che*

   Tra le più antiche tecniche investigative c'è quella del poliziotto buono e del poliziotto cattivo. I ruoli vengono decisi _____ cominci l'interrogazione. Il ruolo del poliziotto cattivo è di comportarsi aggressivamente, _____ susciti ostilità e paura, _____ il poliziotto buono si comporta amichevolmente, è gentile e comprensivo. L'idea alla base di questo metodo è _____ il sospettato, esposto al comportamento abusivo del poliziotto cattivo, dovrebbe manifestarsi più propenso alla collaborazione in segno di gratitudine _____, in un certo senso, l'intervento del poliziotto buono ha fatto cessare il comportamento abusivo. _____ questa sia una delle tecniche investigative tra le più antiche, ha ancora quasi sempre successo e Carofiglio ce ne porta un esempio _____ si capisca meglio come funziona questo tipo di interrogatorio.

3. **Dal *discorso diretto* al *discorso indiretto*: Modo congiuntivo, imperativo, e condizionale. L'esercizio è avviato.**

   Il poliziotto dice al sospettato:

   a. "Credo che tu sia colpevole." → Il poliziotto dice al sospettato che crede (che lui) sia colpevole.
   b. "Credo che qualcuno ti abbia aiutato."
   c. "Pensavo che qualcuno ti avesse aiutato."
   d. "Dimmi cosa è successo."
   e. "Dovresti ascoltare più attentamente."
   f. "Avresti dovuto dire tutta la verità."

   Il poliziotto ha detto al sospettato:

   g. "Credo che tu sia colpevole." → Il poliziotto ha detto al sospettato che credeva (che lui) fosse colpevole.
   h. "Credo che qualcuno ti abbia aiutato."
   i. "Pensavo che qualcuno ti avesse aiutato."
   l. "Dimmi cosa è successo."
   m. "Dovresti ascoltare più attentamente."
   n. "Avresti dovuto dire tutta la verità."

4. **Riscrivi le frasi con il *discorso indiretto*. Attenzione ai cambiamenti!**

   a. Il poliziotto ha detto al sospettato: "Non credo tu abbia detto tutta la verità. Voglio sapere da chi hai comprato la droga e non dirmi che non lo sai. Il tuo amico ha già confessato e a te non resta che dire la verità."
   b. Il poliziotto disse: "Guardami in faccia. Non ci prendere per il culo, altrimenti ti faccio pentire di essere nato."
   c. L'ispettore ha detto: "Sembra che tu sappia come lavoriamo noi sbirri. Ma ti sbagli. Lui è il buono, io sono il cattivo. Vattene e non farti vedere più da queste parti!"
   d. L'ispettore disse: "Avresti dovuto stare più attento e ascoltare le nostre parole. Ti trovi in una brutta situazione e non sappiamo come tu possa uscirne."

Approfondimento di riflessione

- Letteratura: *Il paradosso del poliziotto*, Gianrico Carofiglio; *The Gardener's Song* (*La canzone del giardiniere*), Kalpana Swaminathan.
- Film: *The Dark Knight* (*Il cavaliere oscuro*), Christopher Nolan.

Bibliografia

Carofiglio, Gianrico. *Il paradosso del poliziotto*. Milano: Nottetempo, 2009.
Chips. Rick Rosner. MGM Television, 1977–1983.
Dirty Harry. Regia di Don Siegel. Warner Bros., 1971.
Herman, Amy E. *Visual Intelligence: Sharpen Your Perception, Change Your Life*. Boston-New York: Houghton Mifflin Harcourt, 2016.
Il commissario Montalbano. Andrea Camilleri. Rai 1, 1999–.
Lethal Weapon. Regia di Richard Donner. Warner Bros., 1987.
Magnum Force. Regia di Ted Post. Warner Bros., 1973.
Maigret. Georges Simenon. ITV Television Network, 2016–.
Mark colpisce ancora, Mark il poliziotto, Mark il poliziotto spara per primo. Regia di Stelvio Massi. Produzioni Atlas Consorziate, 1976.
NCIS. Donald P. Bellisario. CBS Television Distribution, 2003–.
Notturno bus. Regia di Davide Marengo. 01 Distribution, 2017.
Starsky & Hutch. William Blinn. Columbia Pictures Television, 1975–1979.
Sudden Impact. Regia di Clint Eastwood. Warner Bros., 1983.
Swaminathan, Kalpana. *The Gardener's Song*. New Delhi: Indialnk, 2007.
Training Day. Regia di Antoine Fuqua. Warner Bros., 2001.
Wallander. Henning Mankell. BBC One, 2008–2016.
The Dark Knight. Regia di Christopher Nolan. Warner Bros., 2008.
The Dead Pool. Regia di Buddy Van Horn. Warner Bros., 1988.
The Enforcer. Regia di James Fargo. Warner Bros., 1976.
The Heat. Regia di Paul Feig. 20th Century Fox, 2013.
The Shield. Shawn Ryan. Sony Picture Television, 2002–2008.
The Wire. David Simon. Warner Bros. Television, 2002–2008.

UNITÀ 18
CONTAGIO

A. INTRODUZIONE ALLE TEMATICHE DEL RACCONTO

- Prova a dedurre il contenuto del racconto in base al titolo.
- Spiega il significato proprio e figurato della parola "contagio." Offri un paio di esempi.

1. Ricerca la serie televisiva *The Terror*, David Kajganich, dall'omonimo romanzo di Dan Simmons e fai i seguenti esercizi.
    a. Racconta brevemente la trama.
    b. Elenca i personaggi che sono al centro della storia ed indica quali sono le loro speranze e frustrazioni, i loro sogni di gloria e di vergogna.
    c. Quali sono le emozioni e gli stati d'animo suscitati in te durante la visione della serie?
    d. Qual è il terrore che contagia i personaggi della serie? Scegli tra le seguenti possibilità
        - L'abbandono di ogni speranza di tornare a casa.
        - Il crollo di tutte le certezze.
        - I personaggi che muoiono uno ad uno.
        - La paura.

2. Rifletti sul contagio positivo che regola la vita degli uomini all'interno delle navi e il contagio negativo che guida la loro vita quando ne sono al di fuori.

B. VOCABOLARIO INIZIALE

stragrande	grandissima
piaga	calamità
fu convocato	fu invitato
funzionario	dirigente
gradivano	amavano
concorso di fattori	insieme di fattori
fornivano spunti	davano opportunità
compito	lavoro
penuria	insufficienza/scarsità
prese a viaggiare	cominciò a viaggiare
stessa	solita
mancanza	assenza
ineluttabile	inevitabile
imboccavano	davano da mangiare
digiuni	senza cibo
trascurati	*neglected*
fornivano	davano
scadenza	termine/fine
rovesciò	cambiò
una sorta di	una specie di
davvero	veramente

1. Scrivi 2-3 parole che derivano dai nomi che seguono come nell'esempio.

    a. la salute → *salutevole, salutifero, salutista*
    b. l'acqua
    c. l'alimento
    d. il mese
    e. l'idea
    f. la burocrazia
    g. la miseria
    h. l'igiene
    i. il contagio

2. Adesso scrivi una frase completa con ognuna delle seguenti parole.

    - Salutevole
    - Salutifero
    - Salutista

C. DOPO LA LETTURA

1. **I sostantivi sottolineati derivano dalla stessa base, ma solo uno si colloca correttamente nella frase data. Scegli quello giusto.**

    a. Il nutrimento – la nutrizione dei bambini era carente di proteine essenziali per la loro crescita.
    b. Il convocatore – la convocazione di un funzionario rese chiaro che il governo non gradiva la presenza dell'esperto.
    c. Il trattamento – la trattazione del funzionario da parte delle autorità locali non fu tra i più accoglienti.
    d. L'esperto stabilì con chiarezza – chiarimento che il problema era dovuto a un insieme di fattori.
    e. C'era bisogno di risultati visibili, di indicatori – indicazioni precise della gravità – gravezza del problema.
    f. La diffusione – il diffondente delle buone abitudini alimentari ebbe dei risultati molto positivi.

2. **Completa il paragrafo con le parole date.**

    *imboccavano – abitudini – rovesciò – spunti – trascurati
    miseria – erano cresciuti – malnutrizione*

    Le analisi attribuivano la _____ a una varietà di fattori e offrivano _____ per affrontare il lavoro. Nel villaggio c'erano bambini poveri che tuttavia _____ più sani degli altri. Quando i bambini stavano poco bene, le mamme li _____ e mettevano nel riso alimenti tipicamente _____ nell'alimentazione dei piccoli. Queste _____ alimentari furono diffuse alle altre famiglie, facendo aumentare rapidamente il numero di bambini in buona salute. Non essendo possibile risolvere il problema della _____ , mancanza d'acqua e cattiva igiene, Jerry Sternin _____ il modo di affrontare il problema.

3. **Domande di comprensione del testo ed espansione.**

    a. Dividi il racconto in tre parti principali e ad ognuna dai un titolo motivando la tua scelta.
    b. In che cosa consistono "l'idea geniale" e "il contagio benefico" di cui si parla nella storia?
    c. Quali sostantivi e verbi hanno un significato negativo?
    d. Rifletti sull'osservazione ironica di Carofiglio alla fine del racconto.
    e. E tu, cosa ne pensi? In una situazione che sembra senza speranza, che cosa decideresti di fare? Concentrarti su ciò che funziona o su quello che non funziona per cercare di ripararlo? Motiva la tua risposta.
    f. Per millenni il contagio è stato associato a una malattia individuale, mentre oggi appare sempre più associato alla collettività e all'idea del benessere. Puoi fare qualche esempio?
    g. Rifletti sul contagio emotivo, ovvero su come le nostre relazioni sono influenzate dal modo in cui interagiamo con gli altri.

4. **Scrittura.**

    Rifletti per iscritto sulle forme di contagio positivo e negativo che conosci.

5. **Presentazione orale**.

L'amicizia può diventare contagiosa sia a livello positivo che negativo. Fai qualche esempio.

D. ELABORAZIONE

1. **Il contagio nel cinema.**
   - *Il contagio*, Matteo Botrugno e Daniele Coluccini.
     a. Soffermati sul contagio geografico e umano tra centro e periferia, affari e criminalità, in un mondo in cui il futuro non esiste e si vive giorno per giorno.
   - *Contagion*, Steven Soderbergh.
     b. Fra le varie tematiche, il film affronta anche quella della paura del contagio sociale e della guerra tra mass media e politica. In quali scene le potresti individuare?
   - *Love in the Time of Cholera* (*L'amore ai tempi del colera*), Mike Newell.
     c. In che modo l'amore è visto come una peste fisica ed emotiva?

2. **Il contagio nella letteratura.**
   - *Nemesis* (*Nemesi*), Philip Roth.
     a. Elabora le conseguenze fisiche e psicologiche della malattia virale che debilita il protagonista.
   - *Ensaio sobre a Cegueira* (*Cecità*), José Saramago.
     b. Elabora il tema della razionalità e della ragione che vengono meno nel momento in cui si ha paura della morte e gli istinti primordiali riaffiorano.
   - *Doomsday Book* (*L'anno del contagio*), Connie Willis.
     c. Rifletti sul contagio visto attraverso gli occhi della protagonista.
   - *Altri libertini*, Pier Vittorio Tondelli.
     d. Rifletti sulla malattia che uccide non solo fisicamente ma anche con il silenzio e l'isolamento.
   - *The Painted Veil* (*Il velo dipinto*), W. Somerset Maugham.
     e. Soffermati sulla trasformazione della protagonista durante il suo soggiorno in una città colpita da un'epidemia di colera.

3. **Il contagio nella cultura popolare.**
   - Il contagio culturale di *The Walking Dead*, Robert Kirkman e Frank Darabont.
   - La felicità contagiosa di Annie nel musical omonimo.

- Contagio linguistico: Dall'invasione dell'inglese nella lingua italiana all'e-taliano, ossia i messaggi di Twitter, Facebook, e WhatsApp.
- Influenze culturali contagiose in particolare di derivazione americana con innovazioni soprattutto nel campo della comunicazione, vedi Internet, e di canali musicali come MTV.

　　a. Scegli e rifletti su uno degli argomenti sopracitati.

E. REVISIONE GRAMMATICALE

1. **Metti il seguente paragrafo al *singolare*. Dopo fai l'analisi grammaticale delle parole sottolineate.**

   "<u>Quelli</u> ben nutriti invece <u>mangiavano</u> lo stesso quantitativo di cibo diviso in quattro pasti, e riuscivano ad <u>assimilarlo</u>. Quando stavano poco bene, <u>le loro</u> mamme <u>li</u> imboccavano, <u>anche se</u> loro non avevano voglia di mangiare; le mamme dei malnutriti lasciavano invece che i piccoli <u>si regolassero</u> da soli" (*Passeggeri notturni*, 57).

2. **Dai il *contrario* delle parole in corsivo e completa le frasi liberamente.**

   Esempio: Molti non gradivano la sua presenza. → Pochi non gradivano la sua assenza perché non erano interessati alla sua ricerca.

   a. I bambini *al di sotto* dei cinque anni – la stragrande *maggioranza* di quelli che vivevano nei villaggi.
   b. *Queste* analisi, tutte *corrette*, e risultati *visibili*.
   c. C'erano bambini *ben* nutriti.
   d. La *penuria* di acqua potabile.
   e. In questa *bellissima* storia è contenuta un'idea *semplice* e *geniale*.

3. ***Lasciare* e il *congiuntivo*. Completa le seguenti frasi con il tempo corretto del congiuntivo.**

   Esempio: Le mamme lasciavano che i loro piccoli (nutrirsi) SI NUTRISSERO da soli.

   a. Il funzionario ha lasciato che Sternin (rimanere) _____ a Hanoi per sei mesi.
   b. Il governo lasciò che Sternin (rinnovare) _____ il visto.
   c. Le mamme lasciano che i loro piccoli (mangiare) _____ gamberetti e patate.
   d. Sternin lasciò che le buone abitudini alimentari (replicarsi) _____ nel resto del paese.
   e. L'insegnante lascia che gli studenti (discutere) _____ il racconto.

4. *Lasciare* e l'*infinito*. **Completa riferendoti all'Esercizio 3. Segui gli esempi.**

   Esempi: *Le mamme lasciavano che i loro piccoli si nutrissero da soli . → Le mamme lasciavano nutrirsi da soli i loro piccoli.*

   Carofiglio lascia che gli studenti facciano le domande. → Carofiglio lascia fare le domande agli studenti.

   a. Il funzionario
   b. Il governo
   c. Le mamme
   d. Sternin
   e. L'insegnante

5. **Chiedi a un/a compagno/a che cosa** *lascia* **o** *non lascia fare* **alle seguenti persone e di motivare la risposta.**

   a. l'amico/a del cuore
   b. i tuoi genitori
   c. il fratello o la sorella
   d. la nonna

Approfondimento di riflessione

- Arte: *The Triumph of Death* (*Trionfo della morte*), Pieter Bruegel the Elder; *Bonaparte visitant les pestiférés de Jaffa* (*Bonaparte visita gli appestati di Jaffa*), Antoine-Jean Gros; *Det sike barn* (*Il bambino malato*), *Skrik* (*L'urlo*), Edvard Munch.
- Letteratura: *La Peste* (*La peste*), Albert Camus; *I promessi sposi*, Alessandro Manzoni; *Decameron,* Giovanni Boccaccio.

Bibliografia

Annie. Martin Charnin, Charles Strouse, Thomas Meehan. Regia di Martin Charnin, 1977. Alvin Theatre, New York. Performance.
Boccaccio, Giovanni. *Decameron.* Firenze: Giunti, 1353.
Bruegel, Pieter the Elder. *The Triumph of Death.* 1562. Museo del Prado, Madrid.
Camus, Albert. *La Peste.* Parigi: Gallimard, 1947.
Contagion. Regia di Steven Soderbergh. Warner Bros., 2011.
Gros, Antoine-Jean. *Bonaparte visitant les pestiférés de Jaffa.* 1804. Museo Louvre, Parigi.
Il contagio. Regia di Matteo Botrugno e Daniele Coluccini. Notorious Pictures, 2017.
Love in the Time of Cholera. Regia di Mike Newell. New Line Cinema, 2007.
Manzoni, Alessandro. *I promessi sposi.* Milano: Vincenzo Ferrario, 1827.
Maugham, William Somerset. *The Painted Veil.* London: Heinemann, 1925.
Munch, Edvard. *Det syke barn.* 1885–1887. Tate Gallery, Londra.
_____. *Skrik.* 1893. Munch Museum, Oslo.
Roth, Philip. *Nemesis.* Boston-New York: Houghton Mifflin Hardcourt, 2010.
Saramago, José. *Ensaio sobre a Cegueira.* Lisbona: Caminho, 1995.
The Terror. David Kajganich. AMC Networks, 2018–.
The Walking Dead. Robert Kirkman. AMC Networks, 2010–.
Tondelli, Pier Vittorio. *Altri libertini.* Milano: Feltrinelli, 1980.
Willis, Connie. *Doomsday Book.* New York: Bantam Books, 1992.

UNITÀ 19
BINARI

A. INTRODUZIONE ALLE TEMATICHE DEL RACCONTO

- Anticipa il contenuto del racconto in base al titolo.

1. Visione del film *Oh Boy* (*Oh Boy – Un caffè a Berlino*), Jan Ole Gerster.
    a. Riassumi la trama del film e soffermati sugli incontri che fa il protagonista.
    b. Quali sono i sentimenti, le emozioni, e le relazioni dei personaggi?
    c. Quali stati d'animo sono visibili dall'espressione del viso del protagonista?

d. Rifletti sulle immagini e sui suoni che accompagnano il film.
e. Su che cosa vuole fare riflettere il film?
f. Secondo te, chi ha l'autorità di giudicare gli altri?
g. In base a che cosa si giudica?
h. Si può definire il "giusto" e il "non giusto?"

B. VOCABOLARIO INIZIALE

branca	parte
si tratta	*it is about*
temo	ho paura
legate	*tied up*
leva	*lever*
aziona	mette in funzione
quesito	domanda
binario	*track*
tizi	*guys*
utilitaristica	*utilitarian*
il male	il danno
botola	*trap door*
azionarla	*operate it*
scuoto	muovo
comunque	ad ogni modo
reprimere	controllare
slegarsi	*untie*
viene posta	viene fatta
stupore	meraviglia
mestiere	professione

C. DOPO LA LETTURA

1. **Ad ogni parola della lista A abbina il suo sinonimo della lista B.**

    A
    a. insomma
    b. lanciare
    c. slegare
    d. spiacevole
    e. azionare
    f. botola
    g. cosiddetto
    h. neppure

    B
    i. sciogliere
    l. in breve
    m. portello
    n. così chiamato
    o. neanche
    p. sgradevole
    q. far funzionare
    r. gettare

2. **Scrivi la definizione delle seguenti parole.**

    Esempio: ***La presentazione*** *è un'esposizione di una cosa, un soggetto, o una persona che si vuol far conoscere.*

    a. la conoscenza
    b. la versione
    c. il dilemma

d. il disturbo
e. la maggioranza
f. l'innocente

3. **Domande di comprensione del testo ed espansione.**
   a. Di che cosa parla il racconto? Scegli tra le seguenti alternative e motiva la tua scelta.
      - Stazioni ferroviarie
      - Situazioni immaginarie
      - Etica morale
      - Comportamenti
   b. Dove sono i protagonisti?
   c. Che cos'è la carrellologia?
   d. Perché il titolo "Binari?"
   e. Quali sono i due esempi che vengono descritti?
   f. Se ti fosse posto il problema del carrello, quale sarebbe la tua reazione alle due situazioni proposte?
   g. Pensi che entrambe le azioni siano sbagliate dal punto di vista etico? Spiega.
   h. A tuo parere, il tema trattato nel racconto è appropriato per persone della tua età? Espandi.

4. **Scrittura.**

   Spiega se hai trovato interessante questa storia e perché. Includi anche qualche osservazione sulla grammatica e sul lessico utilizzati nel racconto.

5. **Presentazione orale.**

   Quali sono, secondo te, le motivazioni che hanno indotto Carofiglio a scrivere questa storia?

D. ELABORAZIONE

Etica da ethos, che concerne il comportamento dell'uomo nella scelta e attuazione responsabile del bene e del male.

Morale da mos-moris (costume-usanza), relativo ai costumi, al vivere pratico.

1. **La filosofia etica morale.**
   - Aristotele
   - Friedrich Hegel
      a. Aristotele e Hegel hanno scritto molto sull'etica morale. Ricerca le loro opere e riassumi i punti salienti del loro pensiero a proposito dell'etica morale.
   - Antonio Rosmini. Secondo il prete e filosofo Rosmini, per agire correttamente abbiamo bisogno di pratica, perfezione, felicità, moralità.
      b. Tu che cosa ne pensi?
      c. È possibile avere tutti i quattro attributi?
      d. Quale pensi sia assolutamente necessario?

- Rosmini afferma che le nostre azioni per essere giuste devono essere orientate al bene.
    - e. Che cos'è il "bene," secondo te?
    - f. A tuo parere, c'è una norma per definire il bene?
- Per Rosmini la morale è un'arte, ossia l'arte di ben vivere.
    - g. Sei d'accordo?
- Philippa Foot, Carrellologia.
    - h. Ricerca la Carrellologia e presentala in classe.
- Il problema della scelta etica è apparso di nuovo nel 2010 quando è stata introdotta la possibilità della diffusione delle autovetture autonome i cui software potrebbero trovarsi a dover compiere scelte di guida in situazioni che implicano la soluzione di problemi etici del tipo: Chi deve proteggere l'auto? I passeggeri o i pedoni? Se l'automobilista sta per investire una giovane donna, ma per evitarla colpirà un uomo anziano, che cosa deve fare?
    - i. E tu, ne puoi elencare altri?

2. **Etica e filosofia morale nella letteratura.**

   - Lucio Anneo Seneca, *Lettere morali a Lucilio*. Lucilio, il destinatario dell'epistolario, era un personaggio di modeste condizioni proveniente dalla Sicilia, di buona cultura, poeta e scrittore. Le lettere vogliono essere uno strumento di crescita morale. Seneca infatti sostiene che lo scambio epistolare permette di istituire un dialogo con l'amico, fornendo un esempio di vita che, sul piano pedagogico, è più efficace dell'insegnamento dottrinale. Seneca conclude ogni lettera con una sentenza che offre uno spunto di meditazione. Il filosofo utilizza Egliutilizza detti di Epicuro.
      - a. Cerca alcuni esempi e analizza e commenta le affermazioni di Seneca.
   - Luciano De Crescenzo, *Il tempo e la felicità*. Lo scrittore immagina di aver trovato le lettere di Seneca a Lucilio e di avere le risposte ai quesiti di Seneca.
      - b. Scegli qualche lettera e presentala alla classe.
   - Giacomo Leopardi, *Operette morali*. Una raccolta di 24 componimenti in prosa, divisi tra dialoghi e novelle. Sono delle riflessioni dell'autore su alcuni importanti aspetti della vita.
      - c. Con un/a compagno/a presenta uno dei dialoghi.

3. **Etica e filosofia morale nell'arte.**

   - Secondo Marcel Duchamp, la storia mentale dietro un dipinto sta in chi lo guarda, ovvero in chi lo legge. In altre parole l'interpretazione è soggettiva.
      - a. Sei d'accordo? Spiega
   - James Abbot McNeill Whistler, *Nocturne in Black and Gold – The Fallen Rocket* (*Notturno in nero e oro – Il razzo cadente*).

b. Ricerca il quadro e rispondi alle domande che seguono.

- Che cosa vedi nel quadro?
- Secondo te, si potrebbe capire il dipinto senza il titolo?
- Il titolo dell'opera diventa fondamentale per capire?
- Che cosa sarebbe il quadro senza il titolo?

c. Pensi che l'arte non abbia altro fine che se stessa, senza assoggettarsi a intenti morali o sociali, educativi o utilitaristici?

- Pablo Picasso, *Guernica*.

Quest'opera è considerata una manifestazione di sentimento politico ed è una posizione contro il pensiero totalitario e le morti assurde in seguito al bombardamento nazista della città basca di Guernica.

d. Descrivi l'opera.
e. Che cosa pensi che Picasso voglia comunicare nel dipinto?
f. Qual è, a tuo parere, il ruolo dell'arte in questo esempio artistico?

E. REVISIONE GRAMMATICALE

1. *Preposizioni*. Unisci le parole tramite le preposizioni *di*, *da*, *a* come nell'esempio.

    a. professore   **DI**   spagnolo
    b. voce   soprano
    c. libro   filosofia
    d. qualcosa   fare
    e. sorriso   meraviglia
    f. carrello   ferro
    g. decenni   venire
    h. versione   correggere
    i. mestiere   falegname
    l. problema   risolvere
    m. presentazione   coppie

2. **Completa con *niente* o con la forma corretta di *nessuno*.**

    a. Non conosco _____ che sappia il significato di carrellologia.
    b. Non siamo interessati a _____ delle spiegazioni offerte.
    c. Non c'è _____ che tu possa dire per farmi coinvolgere in questa conversazione.
    d. Sono certa che _____ vorrà attivare la leva.
    e. Non credo ci sia _____ persona che si sente tranquilla in questa situazione.
    f. Spero che _____ individuo venga sottoposto a questo dilemma.
    g. Non c'è _____ ragione per continuare la conversazione.
    h. Non voglio più dire _____, questo argomento non mi interessa tanto.

3. **Il *periodo ipotetico*. Dei verbi in corsivo correggi quelli sbagliati. Poi rifletti sull'uso dei modi e tempi verbali usati nelle frasi.**

   a. Se il carrello le raggiungerà le *ucciderebbe*.
   b. Se *parlerò* con degli amici di questa storia, mi avrebbero detto che sono pazzo.
   c. Se decido di contattare la professoressa di filosofia *dovrei* anche invitarla a cena.
   d. Mi *piacerà* discutere di questo soggetto se non dovessi partire.
   e. Leggerei di più sulla filosofia morale se *ho* tempo.
   f. Se l'uomo non *cadesse* sul binario, le cinque persone moriranno.
   g. Anch'io alzerei la leva per deviare il carrello se *mi trovo* in una situazione del genere.
   h. Se *dobbiamo* uccidere una persona innocente per salvarne altre, io non sarei d'accordo.
   i. Agli studenti farebbe piacere se si *discutesse* di etica.
   l. Se Carofiglio scrivesse un altro racconto su questo argomento, gli studenti lo *leggono* volentieri.

4. **Rifletti sulle tematiche dell'unità e con un/a compagno/a scrivi quattro frasi complete riferendoti alla letteratura e arte. Usa il periodo ipotetico in ogni frase.**

Approfondimento di riflessione

- Film: *Il giovane favoloso,* Mario Martone; *Il resto di niente,* Antonietta de Lillo.
- Letteratura: *Osservazioni sulla morale cattolica,* Alessandro Manzoni; *Tutte le favole,* Luis Sepúlveda; *Moral Machines: Teaching Robots Right from Wrong* (*Macchine morali: insegnare ai robot ciò che è giusto e ciò che è sbagliato*), Wendell Wallach.

Bibliografia

Aristotele. (384 AC–322 AC).
Oh Boy. Regia di Jan Ole Gerster. X Verleih, 2012.
De Crescenzo, Luciano. *Il tempo e la felicità.* Milano: Mondadori, 1998.
Foot, Philippa. (1920–2010).
Hegel, Friedrich. (1770–1831).
Il giovane favoloso. Regia di Mario Martone. 01 Distribution, 2014.
Il resto di niente. Regia di Antonietta De Lillo. Istituto Luce, 2005.
Leopardi, Giacomo. *Operette morali.* Milano: Ant. Fort. Stella e figli, 1827.
Manzoni, Alessandro. *Osservazioni sulla morale cattolica.* 1816. Torino: Tipografia Bianco, 1824.
Picasso, Pablo. *Guernica.* 1937. Museo Reina Sofia, Madrid.
Seneca, Lucio Anneo. *Lettere morali a Lucilio.* I secolo, anno 65.
Sepúlveda, Luis. *Tutte le favole.* Milano: Guanda, 2017.
Wallach, Wendell. *Moral Machines: Teaching Robots Right from Wrong.* Oxford-New York: Oxford University Press, 2009.
Whistler, James Abbot McNeill. *Nocturne in Black and Gold – The Fallen Rocket.* 1875. Detroit Institute of Art, Detroit.

UNITÀ 20
LA RIDUZIONE DELLE TASSE

A. INTRODUZIONE ALLE TEMATICHE DEL RACCONTO

- Prova a dedurre il contenuto del racconto in base al titolo.

    1. Visione del film *The Beguiled* (*L'inganno*), Sofia Coppola.
        a. Riassumi brevemente la trama del film.
        b. Descrivi di che tipo di "inganno" si tratta.
        c. Credi sempre a quello che ti dicono le persone?
        d. Secondo te, ingannare le persone è un atto pericoloso?

B. VOCABOLARIO INIZIALE

finanzieri	esperti di problemi economici
si stava trattenendo	si stava fermando
zigomi	*cheekbones*
esterrefatto	*flabbergasted*
parecchio	molto
lusingato	*flattered*
stava capitando	stava accadendo
brindò	*had a toast*
sorso	piccola quantità di bevanda
in preda ai brividi	*shivering*
stampatello	scrittura che imita il carattere della stampa
sgabello	sedia di piccole dimensioni
parve	sembrò
movimenti bruschi	*abrupt movements*
propensione	inclinazione
a farsi ingannare	*to be fooled*
sorprendenti	che suscitano stupore o sorpresa
non sono affatto innocui	sono pericolosi
autostoppisti	*hitchhikers*

1. **Considerando la parola data, scrivi due o tre parole che hanno un significato più preciso, come nell'esempio.**

    a. bibita → *coca-cola, aranciata, limonata*
    b. scrittura
    c. schiena
    d. messaggio
    e. animale
    f. articolo
    g. dito
    h. Europa

2. **Metti in ordine le parole, da quella più specifica a quella più generale come nell'esempio.**

    a. regione – città – quartiere – casa → *casa – quartiere – città – regione*
    b. testa – faccia – occhi – corpo
    c. stanza – muro – appartamento – palazzo
    d. felino – animale – cane – pastore tedesco
    e. tavolino – cassetto – mobile – legno
    f. proposizione – frase – parola – periodo

C. DOPO LA LETTURA

1. **Inserisci le parole mancanti che trovi nel vocabolario iniziale.**

    Qualche tempo fa ho sentito una storia assurda che mi ha lasciato _____.

120 LA RIDUZIONE DELLE TASSE

Un avvocato che si trovava in un bar di Londra è stato ingannato da una bellissima donna che aveva due _____ alti e un sorriso immenso. Mentre parlava con alcuni _____ di investimenti importanti la donna si è seduta in uno _____ vicino a loro. Dopo una serie di sguardi la donna gli ha offerto da bere e l'avvocato, _____, ha accettato. Passato qualche minuto i suoi ricordi hanno cominciato a interrompersi e quando si è risvegliato si trovava nudo in una vasca da bagno e con i _____ in tutto il corpo. Sulla parete davanti c'era un foglio con scritto in _____ di chiamare il 112.

2. **Domande di comprensione del testo ed espansione.**

    a. Individua nel testo le parti che fanno capire le emozioni e gli stati d'animo del protagonista.
    b. Quale parte del racconto ti ha colpito in modo particolare e per quale motivo?
    c. Il racconto è costruito su dialoghi o su descrizioni? Motiva la tua scelta.
    d. Secondo te, perché si racconta la storia della ragazza al bar?
    e. Perché il racconto si intitola "La riduzione delle tasse?"
    f. Che cosa c'è nei messaggi della politica, secondo il narratore?
    g. Perché si parla di antropologia moderna?
    h. Crederesti ad una storia come quella del racconto? Sì, no, spiega la tua scelta.

3. **Scrittura.**

    Crea e scrivi la tua "leggenda metropolitana."

4. **Presentazione orale.**

    Che tipo di scienza è l'antropologia moderna? Fai una breve ricerca e presenta il materiale in classe.

Curiosità

Lo specchio per le allodole è un'espressione usata in senso figurato. Per cacciare le allodole (*larks*) viene adoperato uno speciale congegno a specchi che, illuminato dal sole, inganna quella specie di uccelli attirandoli nella rete. In riferimento a ciò, il detto è usato per indicare tutto quello che serve per ingannare gli ingenui con lusinghe e prospettive allettanti. Come potresti collegare l'espressione con la storia narrata nel racconto?

D. ELABORAZIONE

1. **L'inganno nella letteratura.**

    - Ludovico Ariosto, *Orlando furioso*.

        Nel Canto 12 dell'*Orlando furioso* i cavalieri sono attirati nel castello alla ricerca di qualcosa, per rendersi conto poi che sono stati ingannati. Il castello non esiste, è magico.

        a. Ricerca e commenta il mondo dell'*Orlando furioso*.

    - Jane Austen, *Lady Susan*.

- *Love & Friendship* (*Amore e inganni*), Whit Stillman, film ispirato al romanzo epistolare di Jane Austen.
- Philip Roth, *Deception* (*Inganno*).
- Oscar Wilde, *The Importance of Being Earnest* (*L'importanza di chiamarsi Ernesto*).

  b. Ricerca una delle opere sopracitate e individua di che tipo di inganno/i si tratta.

2. **L'inganno nell'arte.**
   - René Magritte, *La reproduction interdite* (*La riproduzione vietata*), *La trahison des images* (*Il tradimento delle immagini*).

     a. Che cosa rappresentano, secondo te, queste opere di Magritte?
   - Trompe l'oeil (L'inganno dell'occhio – quando l'arte inganna e nessuno se ne accorge).

     b. Cerca qualche esempio di trompe l'oeil e presentalo in classe.

3. **L'inganno nella pubblicità.**

   a. Ricerca nella pubblicità esempi che tu ritieni ingannevoli.

4. **L'inganno nella politica.**

   a. Cerca nella pubblicità politica e trova degli esempi di inganno.
   b. Pubblicità politica online: lo strumento più potente per vincere le elezioni. Perché, secondo te, è tanto convincente?
   c. Trai le tue conclusioni.

E. REVISIONE GRAMMATICALE

1. **Sostituisci le espressioni sottolineate con l'*avverbio* corretto.**

   Esempio: <u>Con lentezza</u>, senza movimenti bruschi. → *Lentamente, senza movimenti bruschi.*

   Vi racconto, <u>in breve</u>, una storia curiosa. Una ragazza mi si avvicina al bar e, <u>con gentilezza</u>, mi chiede se può sedersi vicino a me. Io mi guardo attorno <u>con cautela</u> e poi faccio cenno di sì. La ragazza mi parla <u>a gran velocità</u> di un'amica che si è trovata in una situazione molto bizzarra. Io l'ascolto <u>con molta attenzione</u>. Mi colpisce <u>in particolare</u> la parte in cui dice che l'amica aveva un tubo che sporgeva dalla parte bassa della schiena. Mi ha fatto ricordare qualcosa di simile, che <u>per sfortuna</u>, era capitato anche a me.

2. **Trasforma le frasi esplicite in implicite usando il *gerundio*.**

   Esempio: *Benché fosse/Anche se era una richiesta bizzarra, Giovanni fece quello che gli era stato chiesto.* → *Pur essendo una richiesta bizzarra, Giovanni fece quello che gli era stato chiesto.*

   a. Si guardò intorno mentre cercava di capire dove era.
   b. Mi dispiace, ma se si agita non guadagna molto.
   c. Malgrado fosse molto professionale, alla fine l'operatore del centralino perse la pazienza.
   d. Giovanni continua a bere mentre guarda la ragazza seduta al bar.

e. Poiché ha bevuto troppo, Giovanni si sveglia con un gran mal di testa.
f. Se tiene acceso il cellulare, riusciremo a localizzarlo.
g. Nonostante si trovasse nel suo albergo, Giovanni non riusciva a riconoscerlo.
h. Anche se aveva dei dubbi, il mio amico prese il cocktail e brindò alla fortuna.
i. Siccome aveva dei dubbi, il mio amico decise di tornare a casa,
l. l. Gli studenti hanno imparato molto con il leggere questo racconto di Carofiglio.

3. **Adesso trasforma le frasi implicite con il gerundio in *frasi esplicite*.**

   Esempio: Parlando di tasse con gli amici, ho pensato a questa storia. → *Mentre parlavo di tasse con gli amici, ho pensato a questa storia.*

   a. Ho riflettuto molto leggendo questo racconto.
   b. Pur essendo un uomo intelligente, Giovanni è caduto nella trappola.
   c. Avendoci raccontato questa storia, Gianrico Carofiglio si augura che i suoi lettori ne abbiano capito il messaggio.
   d. Ho difficoltà a capire questo racconto pur avendolo letto varie volte.
   e. Facendo questi esercizi, ci siamo resi conto che il gerundio non è poi così difficile.
   f. Leggendo di più, imparerete di più.
   g. Avendo fatto questi esercizi, gli studenti hanno capito l'uso del gerundio.
   h. Scrivendo gli esercizi, ottieni risultati migliori.
   i. Gli studenti hanno imparato molto discutendo di questo soggetto.
   l. Essendo rimasto soddisfatto dei progressi degli studenti, l'insegnante ha deciso di invitarli a cena e continuare la conversazione su "La riduzione delle tasse."

4. **Usando il gerundio, scrivi quattro frasi complete sull'inganno riferendoti a letteratura, arte, pubblicità, e politica. Confrontati con un/a compagno/a.**

Approfondimento di riflessione

- Facebook ha violato la legge sulle campagne elettorali.
- Film: *Simpatico* (*Inganni pericolosi*), Matthew Warchus; *The Sting* (*La stangata*), George Roy Hill.
- Letteratura: *Senilità*, Italo Svevo.

Bibliografia

Ariosto, Ludovico. *Orlando furioso*. Ferrara: Giovanni Mazzocco da Bondeno, 1516.
Austen, Jane. *Lady Susan*. 1805. Prima pubblicazione nel 1871.
Love & Friendship. Regia di Whit Stillman. Amazon Studios – Roadside Attraction, 2016.
Magritte, René. *La reproduction interdite*. 1937. Museum Boijmans Van Beuningen, Rotterdam.
_____. *La trahison des images*. 1928–1929. Los Angeles County Museum of Art, Los Angeles.
Roth, Philip. *Deception*. New York: Simon & Schuster, 1990.
Simpatico. Regia di Matthew Warchus. Fine Line Features, 1999.
Svevo, Italo. *Senilità*. Trieste: L'Indipendente, 1898.
The Beguiled. Regia di Sofia Coppola. Focus Features, 2017.
The Sting. Regia di George Roy Hill. Universal Pictures, 1973.
Wilde, Oscar. *The Importance of Being Earnest*. Londra: Leonard Smithers and Co., 1895.

UNITÀ 21
AVVOCATI

A. INTRODUZIONE ALLE TEMATICHE DEL RACCONTO

1. Cerca la descrizione del libro *Avvocato è un verbo* di Giancarlo Piciarelli e commentala con i tuoi compagni di classe.
2. Visione del film *Atto di accusa*, Giacomo Gentilomo.
    a. Prepara una descrizione dei fatti del film.
    b. Immagina un dialogo tra l'avvocato (Ruska) e l'accusato (Renato).
    c. Come si potrà collegare il film con il tema del racconto?
    d. Conosci degli avvocati? Se sì, li consideri bravi e preparati?
    e. Hai mai avuto bisogno di un avvocato?
    f. Secondo te, gli avvocati aiutano a risolvere i problemi? Perché?
    g. Credi che la dialettica sia una qualità importante per un avvocato?

124 AVVOCATI

B. VOCABOLARIO INIZIALE

verbali processuali	*trial transcripts*
alquanto	abbastanza
giusto	corretto
reato	crimine
aggredito	assalito/attaccato
lesioni	ferite
conoscente	*acquaintance*
morso	*bite*
teste	testimone
controesame	*cross examination*
imputata	persona incriminata
incrinare	compromettere
attendibilità	credibilità/affidabilità
lo sputava	*was spitting it out*
intuitivo	evidente
si accaniscono	insistono
periti	esperti
battito cardiaco	pulsazione del cuore
cervello	*brain*

1. **Evidenzia la parola estranea.**

   Esempio: Orecchio – bocca – ~~ciglia~~ – **gamba** – occhio

   a. dentista – notaio – meccanico – avvocato – bancario
   b. parlare – fischiare – cantare – sputare – saltare
   c. schiaffi – manate – calci – pugni – cazzotti
   d. rivista – libreria – giornale – periodico – settimanale
   e. centimetri – millimetri – metri – tonnellate – decimetri
   f. collo – fronte – cranio – capelli – cervello
   g. barba – baffi – basette – pizzetto – naso
   h. imputato – giurato – giornalista – testimone – giudice

C. DOPO LA LETTURA

1. **Associa le parole della colonna A con quelle della colonna B con cui sembrano più in relazione.**

A		B	
a.	verbali	h.	dottore
b.	reato	i.	pugni
c.	schiaffi	l.	processo
d.	testimone	m.	morte
e.	omicidio	n.	avvocati
f.	periti	o.	deposizione
g.	autopsia	p.	controesame

2. **Scegli tra i vocaboli dell'Esercizio 1 e inserisci la parola giusta nelle frasi che seguono.**

   a. In tribunale c'erano i _____ della _____ .
   b. Il _____ aveva già incontrato gli _____ .
   c. L'_____ aveva confermato l'_____ .
   d. Il _____ era necessario per capire se era omicidio.
   e. Il _____ era molto serio perché c'era una vittima.

3. **Scrivi il contrario delle parole sottolineate e confrontati con i compagni.**

   a. Questi verbali sono un esempio <u>singolare</u> dell'<u>incompetenza</u> professionale, a volte anche dell'<u>imbecillità</u> dell'uomo. La lista dei miei <u>preferiti</u> è lunga.
   b. "Il <u>principale</u> teste dell'<u>accusa</u> era un ragazzo" (*Passeggeri notturni*, 66).
   c. "La nozione medico-legale di morte non è <u>intuitiva</u> e <u>spesso</u> riguarda anche un momento di molto <u>successivo</u> alla perdita totale della coscienza" (Ibid., 67).

4. **Domande di comprensione del testo ed espansione.**

   a. Perché si fa riferimento al Massachusetts?
   b. Come si può incrinare l'attendibilità di una deposizione in un processo?
   c. Di che cosa si discute spesso nei processi per omicidio? Perché?
   d. In che cosa consiste l'accanimento legale di cui si parla nel racconto?
   e. Qual è, secondo te, il tema principale del racconto? Scegli tra le seguenti possibilità e giustifica la scelta.

   - Accanimento legale tra gli avvocati
   - Incompetenza professionale
   - Avvocati troppo attenti alla retorica e poco alla logica
   - Processo per reato di lesioni personali

   f. Rileggi attentamente le parti del testo dedicate ai dialoghi e rifletti sulla grammatica usata.
   g. Fai una ricerca e confronta il sistema legale italiano con quello del tuo paese. Elenca le differenze principali.
   h. Spiega il tuo interesse per la legge e/o che cosa rappresenta nella letteratura, nei media, nella storia, o nell'arte.
   i. La figura dell'avvocato ha da sempre suscitato interesse nel pubblico. In che modo questa figura viene rappresentata dai media nel tuo paese?

5. **Scrittura.**

   Immagina di essere l'avvocato difensore di un accusato di furto di una bicicletta. Sei in tribunale – che cosa diresti in apertura del processo in difesa del tuo cliente? Scrivi un'arringa (*opening statement*) che non superi le 100 parole.

6. **Presentazione orale.**

   Prepara un dibattito su un caso giudiziario di tua scelta con la presenza di un "avvocato del diavolo."

D. ELABORAZIONE

1. **La legge e il giallo giudiziario.**

    La letteratura

    - Franz Kafka, *Der Process* (*Il processo*).
    - John Grisham, *The Pelican Brief* (*Il rapporto Pelican*), *The Client* (*Il cliente*), *The Rainmaker* (*L'uomo della pioggia*).
    - Gianrico Carofiglio, *Ragionevoli dubbi*, *Testimone inconsapevole*, *Le perfezioni provvisorie*, *La regola dell'equilibrio*.
    - David W. Rintels, *Clarence Darrow: A One-Man Play*, basato sulla biografia di Irving Stone, *Clarence Darrow for the Defense*.

        a. Scegli una delle opere sopra menzionate e descrivila brevemente.

2. **La TV, il cinema, e il teatro.**

    a. Trova delle informazioni sulla fortunata serie TV americana *Perry Mason* (271 puntate).
    b. Tra i film e l'opera teatrale che seguono scegli l'avvocato che preferisci e spiega perché.

    - *To Kill a Mockingbird* (*Il buio oltre la siepe*), Robert Mulligam.
    - *To Kill a Mockingbird*, opera teatrale, Bartlett Sher.
    - *The Verdict* (*Il verdetto*), Sidney Lumet.
    - *The Client*, Joel Schumacker.
    - *The Pelican Brief*, Alan J. Pakula.
    - *The Rainmaker*, Francis Ford Coppola.
    - *My Cousin Vinny* (*Mio cugino Vincenzo*), Jonathan Lynn.
    - *Philadelphia*, Jonathan Demme.
    - *Carlito's Way*, Brian De Palma.
    - *Buonanotte avvocato!*, Giorgio Bianchi.
    - *Clarence Darrow*, John Rich.

3. **La legge e la storia.**

    a. Cerca delle informazioni sui seguenti luoghi della legge e spiega perché sono diventati importanti.

    - Palazzo Ducale a Venezia
    - Palazzo Vecchio a Firenze
    - Palazzo dei Normanni a Palermo
    - Palazzo della Ragione a Padova

4. **La legge e l'arte.**

    a. Honoré Daumier, conosciuto soprattutto come caricaturista, ci ha lasciato satire brillanti della società in cui viveva. Scegli una vignetta dalle sue caricature di giudici e avvocati e preparati a farne una presentazione in classe.
    b. La legge tra letteratura e arte nel tuo paese. Scrivi un breve componimento.

E. REVISIONE GRAMMATICALE

1. **Collega le frasi con i pronomi relativi *che* o *cui* preceduto da preposizione.**

   Esempio: Una donna era sotto processo. Era accusata di avere aggredito una conoscente. → Una donna, che era accusata di avere aggredito una conoscente, era sotto processo.

   a. Il teste dell'accusa era un ragazzo. L'avvocato ha parlato con il teste.
   b. La rivista dell'ordine degli avvocati ha pubblicato una raccolta di verbali. I verbali costituiscono un singolare affresco dell'incompetenza professionale.
   c. Il principale teste dell'accusa era un ragazzo. Il ragazzo venne sottoposto al controesame.
   d. Il fatto è accaduto alle nove di sera. Si parla del fatto.
   e. Spesso nei processi si discute dell'esatto momento della morte della vittima. È un accertamento decisivo.
   f. La donna ha commesso il reato di lesioni personali. Era sotto processo per il reato.

2. **Completa con il *pronome relativo* appropriato. Poi finisci la storia con almeno due frasi complete in ognuna delle quali usi un pronome relativo.**

   Questo è il resoconto di un dialogo _____ è avvenuto tra un avvocato e un testimone. È l'avvocato _____ ha cominciato a parlare chiedendo al testimone se il parcheggio _____ si trovava era ben illuminato. Il testimone non si ricordava e ha meditato un po' prima di rispondere, _____ ha fatto insospettire l'avvocato. Quando la risposta è arrivata, l'avvocato si è reso conto che nel parcheggio non c'era luce sufficiente per vedere con chiarezza _____ era alla guida dell'auto _____ è partita velocemente lasciando solo tracce di pneumatico sull'asfalto. Il testimone …

3. **Il *futuro di probabilità*. Riscrivi le frasi al futuro e aggiungi la tua risposta.**

   Esempio: Il signor Dennington era morto. → Il signor Dennington sarà morto?

   a. La rivista dell'ordine degli avvocati ha pubblicato una raccolta di verbali.
   b. Una donna era sotto processo.
   c. Questo è il controesame che ha fatto l'avvocato.
   d. I fatti sono accaduti alle nove di sera.
   e. L'autopsia è iniziata attorno alle 20:30.
   f. Il dottore ha controllato la pressione del sangue della vittima.

4. **Completa con le *preposizioni semplici* o *articolate*.**

   _____ rivista _____ ordine _____ avvocati è stata pubblicata una raccolta _____ verbali processuali alquanto bizzarri. Gli esempi _____ questi verbali costituiscono un affresco _____ umanità. Per incrinare l'attendibilità _____ varie deposizioni, gli avvocati spesso si servono _____ controesame e, molte volte nei processi per omicidio, insistono _____ accertare l'esatto momento _____ morte _____ una vittima. Spesso gli avvocati hanno bisogno _____ un perito.

5. Inserisci la forma corretta di *molto* e specifica se è aggettivo o avverbio.

Esempio: *L'avvocato ha interrogato il teste per **molte** ore. (molte = aggettivo)*

- a. Il parcheggio era illuminato? No, non era _____ illuminato.
- b. C'era _____ luce?
- c. C'erano _____ persone? Ce n'erano due ed erano _____ vicine.
- d. L'avvocato si era accanito _____ con _____ gente.
- e. _____ verbali processuali sono bizzarri.

Approfondimento di riflessione

- *Fare l'avvocato del diavolo*: espressione idiomatica – sostenere idee e opinioni in contrasto con quelle altrui per dimostrarne l'inconsistenza. Diversamente da quanto potrebbe sembrare, è un atteggiamento spesso costruttivo e produce buoni risultati, soprattutto in campo professionale.
- Film: *The Devil's Advocate* (*L'avvocato del diavolo*), Taylor Hackford.

Bibliografia

Atto di accusa. Regia di Giacomo Gentilomo. Cei-Incom, 1950.
Buonanotte avvocato! Regia di Giorgio Bianchi. Dear Film-Mondadori video, 1955.
Carlito's Way. Regia di Brian De Palma. Universal Pictures, 1993.
Carofiglio, Gianrico. *La regola dell'equilibrio*. Torino: Einaudi, Stile Libero Big, 2014.
_____. *Le perfezioni provvisorie*. Palermo: Sellerio Editore, 2010.
_____. *Ragionevoli dubbi*. Palermo: Sellerio Editore, 2006.
_____. *Testimone inconsapevole*. Palermo: Sellerio Editore, 2002.
Clarence Darrow. Regia di John Rich. National Broadcasting Company, 1974.
Daumier, Honoré. (1808–1879).
Grisham, John. *The Client*. New York: Doubleday, 1993.
_____. *The Pelican Brief*. New York: Doubleday, 1992.
My Cousin Vinny. Regia di Jonathan Lynn. 20th Century Fox, 1992.
Philadelphia. Regia di Jonathan Demme. TriStar Pictures, 1993.
Piciarelli, Giancarlo. *Avvocato è un verbo*. Ilmiolibro self publishing, 2011.
Rintels, David W. *Clarence Darrow: A One-Man Play*. Garden City, NY: Doubleday, 1975.
The Client. Regia di Joel Schumacher. Warner Bros., 1994.
The Devil's Advocate. Regia di Taylor Hackford. Warner Bros., 1997.
The Pelican Brief. Regia Alan J. Pakula. Warner Bros., 1993.
The Rainmaker. Regia di Francis Ford Coppola. Paramount Pictures, 1997.
To Kill a Mockingbird. Aaron Sorkin. Regia di Bartlett Sher, 2018, Shubert Theatre, New York. Performance.
To Kill a Mockingbird. Regia di Robert Mulligan. Universal Pictures, 1962.
The Verdict. Regia di Sidney Lumet. 20th Century Fox, 1982.
Kafka, Franz. *Der Process*. Berlin: Verlag Die Schmiede, 1925.

UNITÀ 22
PROFEZIE

A. INTRODUZIONE ALLE TEMATICHE DEL RACCONTO

1. Visione del film *Independence Day*, Roland Emmerich.

    a. In quale modo si può considerare il film una profezia per la città di New York?
    b. Che cos'è una profezia?
    c. Tu credi alle profezie?
    d. Le profezie si basano su fatti concreti o sono supposizioni?
    e. Secondo te, le previsioni possono aiutare le decisioni importanti di una persona o una società?
    f. I sondaggi possono influenzare le decisioni finali delle persone?

2. Italo Calvino e Elio Vittorini. Ricerca questi due autori e trova come si sono espressi sulla profezia.

B. VOCABOLARIO INIZIALE

mi capitò	mi accadde
sondaggista	*pollster*
previsioni	*anticipations*
tirar fuori	fare uscire
categorico	assoluto
circospezione	prudenza
molesto	fastidioso
in carica	*in office*
un tantino	un po'
sentenziò	dichiarò
amministratore delegato	*CEO*
pronostici	profezie
generarli	farli
cosiddetti	così chiamati
incarichi	incombenze
attendibile	credibile

1. **Dai seguenti sostantivi forma gli aggettivi con l'aggiunta di -*evole* o -*abile*.**

    Esempio: La questione → questionabile

    a. la ragione
    b. l'idea
    c. il governo
    d. la conversazione
    e. la precisione
    f. l'amministratore
    g. l'incarico

2. **Forma i nomi concreti di persone aggiungendo -*tore* o -*ista* alle seguenti parole come nell'esempio. Poi spiega o scrivi il significato di almeno tre dei nomi.**

    a. fondare → *il fondatore*
    b. produrre
    c. sondaggio
    d. inventare
    e. governare
    f. commerciale
    g. espressione
    h. comune

C. DOPO LA LETTURA

1. **Associa le parole della colonna A con il loro contrario della colonna B.**

   A
   a. pronostico
   b. categorico
   c. sicurezza
   d. drastico
   e. ragionevole
   f. molesto
   g. esperto
   h. fama

   B
   i. piacevole
   l. leggero
   m. profano
   n. verifica
   o. anonimità
   p. indecisione
   q. incerto
   r. irrazionale

2. **Trova nel testo almeno cinque parole da cui si formano sostantivi astratti aggiungendo il suffisso -*ità*.**

   Esempio: Fisica → *la fisicità*

3. **Domande di comprensione del testo ed espansione.**

   a. Chi incontra il narratore in casa di amici?
   b. Prova ad immaginare la persona che il narratore incontra e descrivila fisicamente.
   c. Che cosa pensi ci possa essere in comune tra il narratore e questa persona?
   d. Che previsione si fa all'inizio del racconto?
   e. Si tratta di una previsione corretta? Sì, no, spiega.
   f. Che cosa si guadagna a fare previsioni corrette e/o sbagliate?
   g. Che cosa suggerisce di fare Carofiglio prima di credere alle profezie di un esperto?
   h. E tu, che cosa pensi delle profezie che leggi o di cui senti parlare?
   i. Quali sono le profezie più frequenti di cui parlano i media nel tuo paese?
   l. Con chi ti piacerebbe avere una discussione sulle profezie e perché?
   m. A chi suggeriresti di leggere questo racconto e perché?

4. **Scrittura.**

   La profezia nella musica. Scrivi una composizione sulla presenza di profezie nelle canzoni di Jim Morrison, Jimi Hendrix, i Beatles, Edoardo Bennato, o un altro artista o gruppo di tua preferenza.

5. **Presentazione orale.**

   Crea la tua profezia e preparati a darne una spiegazione in classe.

D. ELABORAZIONE

1. **Il personaggio.**

   - Michel de Nostredame, Nostradamus, è il famoso veggente che ha predetto molti eventi nel corso degli anni.

      a. Ricerca Nostradamus e prepara una presentazione scegliendo fra le sue profezie che si sono dimostrate accurate nella Storia.

2. **La profezia nella mitologia greca e romana.**
   - La Sibilla cumana: Somma sacerdotessa dell'oracolo di Apollo e di Ecate, nella città di Cuma. Gli antichi greci attribuivano agli dei sia le migliori qualità degli uomini sia i loro peggiori difetti.
     a. Immagina che cosa direbbe la Sibilla cumana a proposito della situazione politica attuale del tuo paese.

3. **La profezia nella letteratura greca e italiana.**
   - Omero, *L'Iliade*, poema epico composto da 24 libri che racconta l'ultimo anno della guerra di Troia per la conquista della città da parte dei greci.
   - Dante Alighieri, "Inferno", Canto X: Profezia di Farinata degli Uberti;
   - Canto XV: profezia di Brunetto Latini, "Paradiso", Canto XVII: Profezia di Cacciaguida.
     a. Scegli la profezia che preferisci e parlane in classe.
   - Pier Paolo Pasolini

   Dopo *Accattone* (1961), Pasolini cerca in Africa la genuinità contadina e quella forza che invano aveva cercato in Friuli e poi nel sottoproletariato romano. Il film *Appunti per un'Orestiade africana* esplora questa speranza che finirà in una nuova dolorosa delusione: L'Africa è un serbatoio di contraddizioni, di scontri, di dittature, e di massacri. È un'Africa dai confini incerti. L'ispirazione profetica di Pasolini continua a turbare, quando descrive – cinquant'anni prima – l'esodo degli africani sui barconi e il loro arrivo nelle coste italiane.
     b. Perché si parla di speranza e delusione nel film?
   - *L'Africa di Pasolini*, documentario di Gianni Borgna e Enrico Menduni.
     c. Presenta il documentario e confrontalo con la situazione odierna dei migranti in Italia.

4. **La profezia nella letteratura inglese.**
   a. Scegli una leggenda britannica su re Artù e i Cavalieri della Tavola Rotonda (Geoffrey of Monmouth) e presentala in classe. Riferisciti al mago Merlino e al re Artù.
      - Macbeth, il generale scozzese, riceve una profezia da tre streghe che un giorno diventerà re di Scozia.
   b. Scegli un *Macbeth* tra i seguenti e presentalo alla classe.
      - William Shakespeare, la tragedia
      - Giuseppe Verdi, l'opera
      - Justin Kurzel, il film

5. **La profezia nell'arte.**
   - Hieronymus Bosch, *The Garden of Earthly Delights* (*Il giardino delle delizie*).
     a. Ricerca il pittore olandese e prepara una presentazione sulla sua opera. Analizza il suo trittico *The Garden of Earthly Delights* e spiega come il dipinto possa essere una previsione del futuro. In che cosa si può prevedere il futuro?

E. REVISIONE GRAMMATICALE

1. **Scrivi un riassunto del racconto che non superi le 150 parole. Puoi servirti dei seguenti connettivi:** *Prima – dopo – ma – poi – mai – però – già.*

2. **Completa correttamente con gli *indefiniti* suggeriti.**

    altra – tanti – parecchie – molti – nessuna – molto – altri

    _____ persone hanno fatto previsioni imprecise. Da Philipp von Jolly ad Albert Einstein e Thomas Watson, da Ken Olsen a Steven Ballmer e _____, la lista è lunga e significativa. Ma ciò che disturba è che se gli esperti sbagliano, non subiscono _____ conseguenza, anzi, ne trovano _____ benefici a livello di fama e visibilità. Tuttavia bisogna stare _____ attenti perché le previsioni incorrette, fatte da persone credibili, possono produrre _____ effetti catastrofici. Carofiglio ci consiglia di stare cauti quando si leggono profezie di persone esperte, ma soprattutto ci consiglia di controllare qualsiasi _____ previsione che l'esperto abbia fatto in passato.

3. ***Periodo ipotetico* della possibilità. Completa liberamente le frasi.**

    Esempio: *Se ascoltassi i pronostici, saprei chi vince.*

    a. Se andassimo a votare
    b. Se ci fossero alternative al governo
    c. Se credessimo alle profezie
    d. Se i pronostici fossero tutti giusti
    e. Se si potesse indovinare il futuro

4. ***Periodo ipotetico* dell'impossibilità. Completa liberamente le frasi.**

    Esempio: *Avrei saputo chi vinceva/avrebbe vinto se avessi ascoltato i pronostici.*

    a. Che cosa sarebbe successo se
    b. Qualcuno sarebbe riuscito a formare un governo di emergenza se
    c. Non sarebbe stato possibile produrre l'energia atomica se
    d. L'internet sarebbe crollato in modo catastrofico se
    e. Gli esperti non avrebbero sbagliato con le previsioni se

Approfondimento di riflessione

- Film: *Habemus Papam*, Nanni Moretti; *Blade Runner*, Ridley Scott; *Terminator 2: Judgment Day* (*Terminator 2 – Il giorno del giudizio*), James Cameron; *Left Behind* (*La profezia*), Vic Armstrong.
- Letteratura: *2084: The End of the World* (*2084. La fine del mondo*), Boualem Sansal.

Bibliografia

Alighieri, Dante. *La divina commedia.* 1308–1320.
Appunti per un'Orestiade africana. Regia di Pier Paolo Pasolini. DAE, 1970.
Blade Runner. Regia di Ridley Scott. Warner Bros., 1982.

Bosch, Hieronymus. *The Garden of Earthly Delights*. 1503–1515. Museo Nacional del Prado, Madrid.
Calvino, Italo. (1923–1985).
Habemus Papam. Regia di Nanni Moretti. 01 Distribution, 2011.
Independence Day. Regia di Roland Emmerich. 20th Century Fox, 1996.
L'Africa di Pasolini. Regia di Gianni Borgna, Enrico Menduni. Istituto Luce Cinecittà, 2013.
Left Behind. Regia di Vic Armstrong. FreeStyle Releasing, 2014.
Macbeth. Regia di Justin Kurzel. The Weinstein Company, 2015.
Monmouth, Geoffrey of. *Historia Regum Britanniae*. 1136.
Nostradamus. (1503–1566).
Omero. *L'Iliade*. VI AC.
Pasolini, Pier Paolo. (1922–1975).
Sansal, Boualem. *2084: The End of the World*. New York: Europa Editions, 2017.
Shakespeare, William. *Macbeth*. 1623.
Terminator 2: Judgment Day. Regia di James Cameron. TriStar Pictures, 1991.
Verdi, Giuseppe. *Macbeth*. 1847.
Vittorini, Elio. (1908–1966).

UNITÀ 23
TUTTA LA VERITÀ

A. INTRODUZIONE ALLE TEMATICHE DEL RACCONTO

1. Visione del film *The Whole Truth* (*Una doppia verità*), Courtney Hunt.
    a. Racconta brevemente la trama e spiega come si potrebbe collegare al titolo del racconto.
2. Luigi Pirandello, "La Signora Frola e il Signor Ponza, suo genero."
    a. Che affinità trovi tra il film e la novella?
    b. Secondo te, la legge è in grado di stabilire la verità?

c. Quella che tu ritieni la "verità" è anche la verità degli altri?
d. Intervista i tuoi compagni su questo argomento.
e. Dici spesso le bugie? Sì, no, spiega.
f. A tuo parere, "non dire la verità" è uguale a "dire le bugie?"

B. VOCABOLARIO INIZIALE

stavolta	questa volta
ammissibili	accettabili
auspicabili	desiderabili
alquanto	molto
non proprio irrilevante	non esattamente insignificante
bugie	*lies*
ingranaggi	*gears*
sgradevole	spiacevole
commensali	*dinner guests*
allegria	vivacità
una bella faccia tosta	*audacity*
ribatto	insisto
sciocchezze	cose di poca importanza
replica	risponde

1. **Espressioni con la parola *faccia*. Accoppia correttamente come nell'esempio.**

   a. **avere la faccia tosta**   i. essere falsamente innocente
   b. avere la faccia scura   l. essere di malumore, infastidito
   c. avere la faccia di bronzo   m. **essere imprudente/senza vergogna**
   d. avere la faccia da schiaffi   n. sembrare in buona salute
   e. avere la faccia da funerale   o. essere irritante
   f. avere la faccia lunga   p. essere preoccupato o risentito
   g. avere la faccia d'angelo   q. essere triste
   h. avere una bella faccia   r. essere sfacciato o spudorato

2. **Sostituisci l'aggettivo *leggero* con un suo sinonimo scegliendo dalla lista che segue come nell'esempio.**

   superficiale – modico – delicato – facile – debole – volubile – lieve – disimpegnato

   a. argomenti *leggeri* → argomenti **lievi**
   b. lavoro *leggero*
   c. persona *leggera*
   d. comportamento *leggero*
   e. prezzo *leggero*
   f. mal di testa *leggero*
   g. vino *leggero*
   h. libro *leggero*
   i. trucco *leggero*
   l. vento *leggero*

3. **Scrivi il contrario degli aggettivi che seguono aggiungendo il prefisso *in-*, *im-*, *ir-*, *s-*. Poi utilizzane almeno due per formulare alcune riflessioni sulla novella di Pirandello o sul film di Courtney Hunt.**

   a. gradevole
   b. ospitale
   c. favorevole
   d. prevedibile
   e. possibile
   f. preciso
   g. credulo
   h. rilevante

C. DOPO LA LETTURA

1. **Domande di comprensione del testo ed espansione.**

   a. Dove avviene la conversazione sulla verità?
   b. Che tesi sostiene il medico e perché?
   c. Scegli il personaggio che trovi più interessante o curioso e spiega perché.
   d. Immagina di essere uno dei commensali, come parteciperesti alla conversazione sulla verità?
   e. Che cosa ti ha colpito in questo racconto? La storia di cui si parla, il modo in cui viene scritta, o le parole che Carofiglio usa per raccontarla? Spiega.
   f. Secondo te, il racconto è una storia di pura fantasia o è un'annotazione di un evento realmente accaduto? Motiva la tua risposta.

2. **Scrittura.**

   Prendendo ispirazione dal testo di Carofiglio scrivi il tuo racconto. Ricordati di – scegliere l'argomento e il titolo del racconto – introdurre il luogo e i personaggi della storia – sviluppare l'argomento della conversazione – dare un finale efficace.

3. **Presentazione orale.**

   Rifletti sull'importanza di dire la verità. Preparati a condividere le tue osservazioni con degli esempi.

D. ELABORAZIONE

1. **Verità, finzione, e simulazione della verità.**

   a. Secondo te, che legame c'è tra verità e finzione?
   b. Chiedi ai tuoi compagni che cosa ne pensano e annota le loro risposte.
   c. Dopo prepara una breve statistica e riflettici sopra con la classe.

   - Groucho Marx. Il suo vero nome era Julius Henry Marx.

     Nel racconto si legge che per Groucho Marx il segreto del successo è saper simulare la sincerità.

d. Che cosa ne pensi tu?
e. Hai mai simulato la verità? Spiega con qualche esempio.
f. Secondo te, simulare la verità significa mentire?

2. Il teatro.

- Luigi Pirandello

    Con il suo teatro, Luigi Pirandello ha cercato di sensibilizzare e far riflettere il pubblico sul concetto di verità. "Così è (se vi pare)" racconta la storia della signora Frola. È infatti un adattamento della novella "La Signora Frola e il Signor Ponza, suo genero." Il personaggio di Laudisi, creato di proposito dall'autore, ha il compito di far emergere la verità sul caso della signora Frola.

    a. Immedesimati nel ruolo di Laudisi e proponi ai tuoi compagni delle domande per sapere la verità. Puoi riferirti alla storia di "Così è (se vi pare)" oppure a un caso preso dalla cronaca.
    b. Prepara una lista di quello che scopri e rifletti sulle risposte che hai ottenuto.

3. Conoscere la "verità."

- *Hamlet*

    Nella tragedia di Shakespeare, Amleto vede apparire lo spettro del proprio padre, che gli rivela la verità sul delitto e lo esorta al dovere della vendetta. Amleto promette di obbedire, ma la sua natura titubante lo trascina in un alternarsi di dubbi e di incertezze. Per difendersi Amleto si finge pazzo, ma rischia continuamente di sconfinare nella follia autentica.

    a. L'incertezza di Amleto è in qualche modo collegata alla sua paura della verità?
    b. La verità che conosce Amleto lo costringe a simulare un'altra verità: La sua pazzia. Chi dice quindi la verità, Amleto o la sua pazzia?
    c. Come reagisce Amleto alla scoperta della verità?

4. L'arte.

- John Constable è, assieme a Turner, il principale esponente della pittura romantica inglese. La sua opera rivolge un'attenzione particolare alla campagna e alla vita rurale.

    a. Ricerca questo pittore e decidi se la sua arte riesce a trovare il vero della natura che osserva.

- *The Hay Wain* (*Il carro da fieno*) è una semplicissima scena quotidiana con un perfetto equilibrio tra gli elementi naturali e quelli umani, in particolare il carro.

    b. Analizza il quadro e decidi se Constable ha trovato la "sua verità."
    c. Pensi che ci sia verità nell'arte?

E. REVISIONE GRAMMATICALE

1. **Coniuga il verbo tra parentesi all'*indicativo* o al *congiuntivo*.**

    È sera. Un gruppo di amici è a tavola. Pare che si (chiacchierare) _____ di un argomento molto importante e la conversazione (spostarsi) _____ su questioni fondamentali. Sembra che stavolta il tema (essere) _____ piuttosto serio. "Bisogna che tutti (dire) _____ la verità" dice uno dei commensali, e continua: "Non credo (esistere) _____ bugie buone e bugie cattive. È fondamentale che in una coppia si (parlare) _____ di tutto." Al che un altro commensale aggiunge che per lui non ci sono dubbi, gli esseri umani (mentire) _____ circa dieci volte al giorno. La conversazione comincia ad animarsi ed è evidente, sin dall'inizio, che i commensali (dividersi) _____ tra favorevoli e contrari.

2. **Rifletti sulle tematiche dell'unità e scrivi quattro frasi complete usando il congiuntivo in almeno due. Confrontati con un/a compagno/a.**

3. **Completa con l'*infinito*, l'*indicativo*, o il *congiuntivo*.**

    a. Ho avuto questa conversazione prima di _____ (andare) al ristorante, ma prima che _____ (arrivare) gli altri amici.
    b. Abbiamo parlato della verità e della sua importanza, perché sembrava che molti _____ (avere) difficoltà a dirla.
    c. Spesso queste persone arrivano a non _____ (differenziare) più ciò che è vero da quello che non lo è.
    d. Io ho insistito che in una coppia è necessario che ci _____ (dirsi) tutto, cioè tutte le cose che sono importanti, ma è altrettanto necessario _____ (selezionare) quello che è importante.
    e. Molti fanno di tutto perché non _____ (venire) scoperti e la loro vita è piena di bugie e falsità.
    f. Io, al contrario, faccio di tutto per _____ (vivere) una vita onesta e tranquilla.
    g. Anch'io farei qualsiasi cosa pur di _____ (dire) sempre la verità.
    h. Groucho Marx ha detto che la sincerità è il segreto per _____ (avere) successo, purché si _____ (avere) la capacità di simularla.
    i. A quel punto siamo usciti, ma solo dopo che _____ (bere) un aperitivo.
    l. Dopo _____ (essere) arrivati al ristorante, _____ (continuare) la conversazione sulla verità.

4. **Sostituisci l'*infinito presente* alle parole sottolineate e fai altri cambiamenti quando necessario.**

    Esempio: Mi piace la lettura sulla verità. → Mi piace leggere sulla verità.

    a. La conversazione sulla verità è molto interessante.
    b. Per molti di noi è difficile il riconoscimento di quanto siano importanti le bugie.

c. Ben presto abbiamo cominciato <u>la discussione</u>.
d. Qualcuno ha commentato che <u>la vita</u> senza la verità riserva continue sorprese.
e. <u>La confessione</u> della verità è un atto di coraggio.
f. Molti dicono che <u>lo studio</u> della verità sarà uno dei soggetti più discussi nel futuro.
g. <u>L'incontro</u> con George Clooney ha cambiato la vita della mia amica.
h. <u>La lettura</u> di un articolo su Groucho Marx mi ha fatto capire che il segreto del successo è saper simulare la sincerità.

Approfondimento di riflessione

- Il mondo delle *fake news* apre il dibattito sulla verità dei fatti.
- Film: *Truth (Il prezzo della verità)*, James Vanderbilt.
- Letteratura: *Truth and Duty*, Mary Mapes; *Giuro di dire la verità, nient'altro che la verità*, Carolina Tana che racconta la sua storia, diversa da quella descritta a più riprese dalla stampa, radio e TV tra il 1990 e il 2000.

Bibliografia

Constable, John. *The Hay Wain*. 1821. The National Gallery, London.
Mapes, Mary. *Truth and Duty: The Press, the President and the Privilege of Power*. New York: St. Martin's Press, 2005.
Marx, Groucho. (1890–1977).
Pirandello, Luigi. "Così è (se vi pare)" *Maschere nude*. Milano: Treves, 1918.
_____. "La Signora Flora e il Signor Ponza, suo genero." *E domani, lunedì*. Milano: Treves, 1917.
Shakespeare, William. *Hamlet*. London: N.L. and John Trundell, 1603.
Tana, Carolina. *Giuro di dire la verità, nient'altro che la verità*. Roma: Alpes Italia, 2015.
The Whole Truth. Regia di Courtney Hunt. Lionsgate Premiere, 2016.
Truth. Regia di James Vanderbilt. Sony Pictures Classics, 2015.

UNITÀ 24
EPITAFFIO

A. INTRODUZIONE ALLE TEMATICHE DEL RACCONTO

1. Visione del film *Bright Star* (*Fulgida stella*), Jane Campion.
    a. Di che cosa parla il film?
    b. Secondo te, ci potrebbe essere una relazione con il titolo del racconto?
    c. Sei una persona razionale o emotiva?

142 EPITAFFIO

    d. Cerchi sempre la soluzione dei problemi?
    e. Pensi che ci sia una spiegazione a tutte le situazioni?
    f. A tuo parere, qual è il ruolo della poesia nella vita?
    g. Hai un poeta preferito? Spiega.

B. VOCABOLARIO INIZIALE

enunciati	frasi
gli diede un pugno	*punched him*
tronco	*log*
fradicio	*rot*
cede	*collapses*
si schianta	*crashes*
al suolo	sulla terra
travolge	*sweeps away*
si fracassa	va a pezzi
scardinare	demolire
impostazione	schema
piegare	deviare
appagato	soddisfatto
univoca	unica
sfumature	*nuances*
porre	fare

1. **Ordina correttamente la lista delle parole, da quella più specifica a quella più generale come nell'esempio.**

    a. mondo – stella – pianeta – universo → *stella – pianeta – mondo – universo*
    b. ramo – albero – foresta – bosco
    c. mesi – giorni – secoli – anni
    d. uomo – ragazzo – persona – neonato
    e. faccia – testa – fronte – sopracciglio
    f. mausoleo – tomba – epitaffio – cimitero

2. **Riscrivi le frasi con un aggettivo che esprime lo stesso significato delle parole sottolineate.**

    Esempio: Il monaco che parla molte lingue. → *Il monaco poliglotta.*

    a. La foresta piena di alberi.
    b. La foresta con molto rumore.
    c. Gli alberi di molti secoli.
    d. Il maestro con sapienza.
    e. Lo studente in imbarazzo.
    f. Il poeta dell'Inghilterra.
    g. Il problema da risolvere.

3. **Delle parole astratte che seguono, scrivi il sostantivo o l'aggettivo mancante come nell'esempio.**

SOSTANTIVO	AGGETTIVO
a. l'impazienza	**impaziente**
b. l'incertezza	_____
c. _____	appagato
d. la consapevolezza	_____
e. _____	creativo
f. l'imbarazzo	_____
g. _____	originale
h. _____	irrimediabile

4. **Quali aggettivi o sostantivi dell'Esercizio 3 potresti associare ai protagonisti del film *Bright Star* e perché?**

C. DOPO LA LETTURA

1. **Associa le parole della colonna A con quelle dell colonna B con cui sembrano più strettamente in relazione.**

A	B
a. spiegazione	i. tomba
b. foresta	l. consapevolezza
c. illuminazioni	m. chiarimento
d. dubbio	n. incertezza
e. epitaffio	o. dettagli
f. insolubili	p. rami
g. sfumature	q. rivelazioni
h. conoscenza	r. irrimediabili

2. **Domande di comprensione del testo ed espansione.**
   a. Quale domanda fa il monaco al maestro zen?
   b. Che cosa sono i kōan?
   c. Perché si parla di John Keats?
   d. Come ci si sottrae al dovere di pensare, secondo Keats?
   e. Come si può allargare il confine della conoscenza, secondo Keats?
   f. Discuti l'affermazione di Keats sulla "Capacità Negativa." Perché serve? A che cosa serve? Quando si deve usare?
   g. Che cos'è per te il senso comune?
   h. Nel racconto Carofiglio dice che spesso il senso comune non ci fa progredire. Che cosa ne pensi tu?
   i. Perché, a tuo parere, Carofiglio scrive che l'epitaffio di Keats sarebbe piaciuto ai maestri del kōan?
   l. Hai trovato interessante questo racconto? Perché? Se sì, che cosa hai imparato?

3. **Scrittura.**

    Racconta John Keats. Scrivi la sua biografia, includi anche qualche informazione su di lui che appare nel racconto "Epitaffio," e comincia con:
    John Keats era un poeta che …

4. **Presentazione orale.**

    Scrivi l'epitaffio di una persona famosa del tuo paese e preparati a presentarlo in classe e a rispondere alle domande dei compagni.

D. ELABORAZIONE

1. **Il buddismo zen.**
    - Zen = pensare, riflettere, meditare. Un percorso linguistico, storico e culturale che descrive come lo zen non sia una religione né una filosofia, bensì una metodologia dello spirito, della coscienza e della mente che può essere adottata da chiunque, in qualunque luogo e tempo.

        a. Immagina un dialogo tra il monaco e il maestro zen e poi recitalo in classe.

2. **John Keats.**
    - Come gli altri romantici, Keats rifiuta la ragione come fonte di verità a vantaggio dell'immaginazione. L'immaginazione per lui è sostanzialmente senza morale, e coloro che la utilizzano provano lo stesso piacere nel concepire il bene e il male. La qualità somma per l'uomo di lettere è la Capacità Negativa, cioè la capacità di "stare nell'incertezza, nel mistero, nel dubbio senza l'impazienza di correre dietro ai fatti e alla ragione" (*Passeggeri notturni*, 76).

        a. Di che cosa parla Keats nella poesia "Bright Star?" Analizzane il significato.

3. **L'epitaffio.**

    a. Ricerca gli epitaffi delle seguenti persone.
    - Dorothy Parker
    - Al Capone
    - Martin Luther King
    - Primo Levi

    b. Che cosa scriveresti? Immagina l'epitaffio dei seguenti personaggi.
    - Michelangelo
    - Giulio Cesare
    - Giuseppe Verdi
    - Galileo
    - Dante

E. REVISIONE GRAMMATICALE

1. **Trova un *sinonimo* o una *locuzione* alla parola sottolineata e completa la frase liberamente.**

   a. È uno strumento <u>fondamentale</u> per …
   b. Sono affermazioni <u>paradossali</u> di cui …
   c. Ho letto dei <u>brevi</u> racconti di …
   d. Questi sono problemi <u>insolubili</u> che …
   e. Sono situazioni <u>irrimediabili</u> perché …
   f. Ecco le soluzioni <u>immediate</u> a cui …
   g. L'interpretazione <u>univoca</u> che …
   h. Il suo comportamento <u>automatico</u> …

2. **Completa con il *futuro semplice* dei verbi dati. Attenzione, ci sono tre verbi in più nella lista!**

   risolvere – servire – potere – fare – produrre – guardare – attirare – proporre – definire

   Nel futuro i kōan _____ a scardinare il modo convenzionale di guardare le cose. _____ trasformare il nostro modo di guardare alla vita. _____ l'attenzione sulla molteplicità delle possibili risposte ai quesiti sull'esistenza. Ci _____ vedere soluzioni impreviste e _____ la soluzione a problemi che prima sembravano insolubili. In breve, _____ vere illuminazioni.

3. **Adesso tocca a te! Immagina che cosa potranno cambiare i kōan. Scrivi almeno tre frasi complete utilizzando il *futuro*.**

4. ***Congiuntivo*. Riscrivi le frasi iniziando con *immaginiamo che* e poi completale liberamente.**

   *Esempio: I kōan sono uno strumento fondamentale della pratica zen. → Immaginiamo che i kōan **siano** uno strumento fondamentale della pratica zen. Potresti fare un esempio?*

   a. I kōan consistono in affermazioni paradossali.
   b. Puoi produrre il suono di due mani.
   c. L'albero cade, travolge rami, e si fracassa.
   d. Quel rumore non lo sente nessuno.
   e. Non c'è una risposta giusta o una risposta sbagliata.

5. **Completa con i corretti *pronomi oggetto diretto, indiretto, doppi, o ne.***

   a. Un monaco incontrò un giorno un maestro zen e _____ volle mettere in imbarazzo domandando_____ se sapeva dire, senza parole e in silenzio, cosa fosse la realtà. Al che il monaco _____ diede un pugno in faccia. _____ diede così forte da fare andare in terra il maestro che rimase lì sdraiato per qualche minuto.

b. Come facciamo a dire che un rumore sia esistito se nessuno _____ ha sentito o è in grado di parlar_____? Chi può affermare la sua esistenza? Non _____ so, ma il senso comune _____ suggerisce di rispondere che sì, il rumore è esistito.
c. I kōan _____ fanno riflettere sulla molteplicità delle possibili risposte ai problemi esistenziali e servono a propor_____ la soluzione. Keats chiama Capacità Negativa la dote dell'uomo capace di conseguire risultati autentici e _____ contrappone all'atteggiamento positivo di chi affronta i problemi cercando soluzioni immediate.

Approfondimento di riflessione

- Senso comune: Espressione filosofica che traduce il greco di Aristotele = istinto umano con cui la mente riconoscerebbe in maniera intuitiva i principi fondamentali della conoscenza (realtà esterna), della morale (libertà dell'agire), e della religione (idea dell'essere divino).
- Convenzione: In sociologia, un insieme di regole sociali generalmente accettate.
- Film: *L'arte della felicità*, Alessandro Rak; *Kalachakra – Wheel of Time* (*Kalachakra, la ruota del tempo*), Werner Herzog; *Seven Years in Tibet* (*Sette anni in Tibet*), Jean-Jacques Annaud; *Little Buddha* (*Piccolo Buddha*), Bernardo Bertolucci; *Samsara*, Pan Nalin; *Sen no Rikyu: Honkakubô ibun* (*Morte di un maestro del tè*), Kei Kumai; *Let no Man Write my Epitaph* (*Che nessuno scriva il mio epitaffio*), Philip Leacoch.

Bibliografia

Bright Star. Regia di Jane Campion. Warner Bros., 2009.
Capone, Al. (1899–1947).
Kalachakra – Wheel of Time. Regia di Werner Herzog. Werner Herzog Filmproduktion, 2003.
King, Martin Luther. (1929–1968).
L'arte della felicità. Regia di Alessandro Rak. Cinecittà Luce, 2013.
Let no Man Write my Epitaph. Regia di Philip Leacock. Columbia Pictures, 1960.
Levi, Primo. (1919–1987).
Little Buddha. Regia di Bernardo Bertolucci. AMLF – Buena Vista International, 1993.
Parker, Dorothy. (1893–1967).
Samsara. Regia di Pan Nalin. Fandango, 2002.
Sen no Rikyu: Honkakubô ibun. Regia di Kei Kumai. Mikado Film – General Video, San Paolo Audiovisivi, 1989.
Seven Years in Tibet. Regia di Jean-Jacques Annaud. TriStarPictures, 1997.

UNITÀ 25
TRANELLI

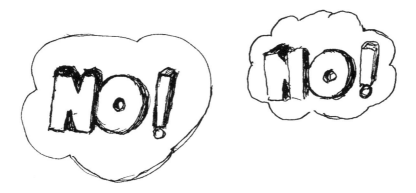

A. INTRODUZIONE ALLE TEMATICHE DEL RACCONTO

- Prova a indentificare il contenuto del racconto in base al titolo.

1. Visione del film *Annie Hall (Io e Annie)*, Woody Allen.

    a. Di che cosa parla il film? Scegli tra le seguenti possibilità e approfondisci.

    - Relazione romantica
    - Incontri di persone in analisi
    - Partite a tennis
    - Conversazioni di psicanalisi
    - Altro

    b. Potresti paragonare la relazione con la psicanalisi nel film di Woody Allen, uscito nel 1977, con il rapporto che c'è oggi con la psicanalisi?

c. Dai molta importanza a quello che pensano le altre persone di te?
d. Sei ottimista o pessimista?
e. Qual è la tua posizione nei confronti delle cose, dei fatti? Li interpreti? Li accetti? Cerchi una spiegazione? Temi di affrontarli?

B. VOCABOLARIO INIZIALE

tranello	inganno
espressione bonaria	espressione buona
un sacco di storie	molte storie
espedienti	soluzioni
scardinare	invalidare
aggirando	*bypassing*
fosse rivolta	fosse indirizzata/fatta
era sfruttata	era usata
sedute	incontri
interdetta	turbata e sorpresa
autorevole	importante
sbarazzarsi	liberarsi

1. Inserisci le forme mancanti come nell'esempio.

	SOSTANTIVO	VERBO	PARTICIPIO PRESENTE	PARTICIPIO PASSATO
a.	la convinzione	*convincere*	*convincente*	*convinto*
b.	_____	resistere	_____	_____
c.	_____	_____	manifestante	_____
d.	_____	_____	_____	controllato
e.	_____	balbettare	_____	_____
f.	_____	_____	_____	disturbato
g.	la sofferenza	_____	_____	_____
h.	_____	_____	nascente	_____

2. Scrivi il contrario delle seguenti parole aggiungendo il prefisso *in-*, *ir-*, *s-*. Dopo scegline due e utilizzale in un breve paragrafo riferendoti al film *Annie Hall*.

   a. conosciuto
   b. efficace
   c. realtà
   d. fiducia
   e. capacità
   f. piacevole
   g. naturale
   h. consapevole

C. DOPO LA LETTURA

1. **Associa le parole della colonna A con quelle della colonna B con cui sembrano più in relazione.**

   A
   a. opinioni
   b. tranello
   c. analisi
   d. psicologo
   e. catastrofico

   B
   f. psicoterapeuta
   g. spiacevole
   h. interpretazioni
   i. inganno
   l. terapia

2. **Domande di comprensione del testo ed espansione.**

   a. Racconta la storia del racconto elaborando sui punti che seguono.
   - Con chi parla il narratore
   - Di che cosa parlano
   - Qual è il problema di Paola
   - Che cosa chiede il terapeuta a Paola
   - In quale tranello cade Paola
   - Come finisce il racconto
   - A chi suggeriresti di leggere il racconto e perché

   b. Quali tempi verbali sono utilizzati nel racconto? Perché il loro uso?
   c. Che tipo di scrittura usa Carofiglio? Riferisciti al testo per sostenere la tua risposta.
   d. Racconta di un tranello di cui hai letto recentemente o sentito parlare.
   e. E tu, sei mai caduto/a in un tranello? Se sì, spiega quando è accaduto, di che tipo di tranello si è trattato e come hai reagito.

3. **Scrittura.**

   Rifletti sul racconto che hai letto ed esprimi le tue opinioni. Includi anche che cosa hai trovato interessante o noioso e perché.

4. **Presentazione orale.**

   Immagina un dialogo tra te e lo psicologo. Ricordati di dare del Lei. Almeno dieci battute a testa.

D. ELABORAZIONE

1. **La filosofia.**

   - Epitteto, filosofo greco.

     Carofiglio riporta le parole di Epitteto dicendo che quello che ci disturba non sono le cose, ma ciò che noi pensiamo delle cose stesse.

     a. Rifletti, commenta, e spiega il significato delle parole di Epitteto.

2. La psicologia.

Teatro e psicologia

Il teatro ha scoperto l'effetto curativo della catarsi che il pubblico viveva nel partecipare emotivamente ai drammi teatrali. Si partecipava emotivamente perché ci si identificava con le passioni e con i sentimenti provati dai protagonisti e ciò produceva una scarica emotiva liberatoria. All'inizio, anche la psicoanalisi era considerata un metodo catartico che attraverso la suggestione permetteva di rivivere nel ricordo e nel sentimento un trauma subito nel passato.

a. Ricerca il significato di catarsi. Scegli degli esempi e presentali con delle immagini alla classe.

- Sofocle, drammaturgo greco, *Edipo re*. Le opere di Sofocle sono drammi in cui emergono le contraddizioni dell'uomo e della civiltà, e si pongono interrogativi sul destino e sui limiti umani destinati a rimanere senza risposte. In ciò è la tragicità delle sue opere.
- Pier Paolo Pasolini, *Edipo re*, ispirato al dramma di Sofocle.

b. Secondo te, perché Pasolini si è ispirato all'*Edipo re* di Sofocle?

Letteratura e psicologia

- Italo Svevo (Aron Ettore Schmitz), *La coscienza di Zeno*.

c. Leggi la prefazione del romanzo e poi rispondi alle domande che seguono.
- Si tratta di verità o finzione?
- Chi è "Dottor S?"
- Come viene definita la psicanalisi?
- Perché si parla di vecchiaia?
- James Joyce, *Ulysses* (*Ulisse*), scritto con la tecnica del flusso di coscienza.

Nota informativa

Il "flusso di coscienza" (*stream of consciousness*) consiste nella libera rappresentazione dei pensieri di una persona così come compaiono nella mente, prima di essere riorganizzati logicamente in frasi.

d. Prepara una presentazione con una lista dei collegamenti tra la tecnica stilistica del "flusso di coscienza" usata da Joyce e la psicanalisi.

- Virginia Woolf, *The Waves* (*Le onde*). Romanzo sperimentale che utilizza il monologo interiore per raccontare i personaggi protagonisti.

e. Perché, secondo te, Virginia Woolf desidera sperimentare la tecnica del monologo?

- Umberto Saba (Umberto Poli), poeta, ed Edoardo Weiss, psicanalista, allievo di Freud. Saba iniziò la terapia con Weiss nel 1929 e la terminò nel 1931.

f. Ricerca la poesia "Autobiografia" di Saba e indica quali collegamenti trovi con la psicologia.

E. REVISIONE GRAMMATICALE

1. **Completa correttamente con i *participi presenti* dei verbi dati.**

   insistere – conoscere – sconvolgere – partecipare – umiliare – preoccupare

   Uno psicologo mi ha raccontato una storia piuttosto _____. Mi ha parlato di una mia _____ la cui vita era diventata molto complicata e spesso _____. La ragazza aveva subito uno _____ episodio nell'infanzia e in seguito aveva sviluppato un forte senso di colpa che si trasformò in una incapacità di pronunciare un rifiuto. Per cercare di uscire da questa situazione, la ragazza decise di entrare in analisi e fare una terapia di gruppo in cui i _____ le avrebbero chiesto qualcosa e lei avrebbe dovuto rispondere sempre di no. La ragazza fu presa dal panico e rifiutò, ma l'_____ terapeuta non cedette e dopo una serie di ordini a cui seguirono altrettanti no da parte della paziente, il terapeuta si rese conto che la ragazza stava cominciando a migliorare.

2. **Tra le parole che seguono, individua i *participi presenti* e danne l'infinito.**

   a. sofferente
   b. patente
   c. convincente
   d. mittente
   e. reticente
   f. sorridente
   g. rassicurante
   h. interessante
   i. espediente
   l. ispirante

3. **Sostituisci le parti sottolineate con il *participio passato*. L'esercizio è avviato.**

   a. <u>Dopo aver subito</u> un evento traumatico, la ragazza sviluppò un terribile senso di colpa. **Subito** un evento traumatico, la ragazza sviluppò un terribile senso di colpa.
   b. <u>Dopo che si rese conto</u> di trovarsi in una situazione molto complicata, la ragazza decise di contattare uno psicologo che le consigliò di fare della terapia di gruppo.
   c. <u>Quando fu presa</u> dal panico, rifiutò di partecipare all'esperimento.
   d. <u>Dopo aver risposto</u> varie volte no agli ordini del terapeuta, si rese conto di essere caduta in un tranello.
   e. <u>Dopo che capì</u> il geniale trucco del terapeuta, gliene fu estremamente grata.
   f. <u>Quando rivide</u> i familiari e i colleghi, non esitò a rispondere di no quando la situazione lo richiedeva.

4. **Completa con il *participio presente* o *passato* dei verbi tra parentesi.**

   Avendo _____ (conoscere) un _____ (brillare) psicologo, gli ho voluto chiedere quali fossero le sue opinioni su un caso di cui avevo recentemente sentito parlare. Si trattava di una ragazza che era incapace di pronunciare un rifiuto. _____ (raccontare) la storia nei dettagli, lo psicologo ha commentato che ne aveva sentito parlare e che stava lavorando su uno studio _____ (concernere) casi simili. Mi ha anche parlato di altri casi, purtroppo più _____ (allarmare), ed ha concluso che gli studi _____ (fare) erano stati di grande aiuto per molte persone.

5. Inserisci le corrette *preposizioni* che precedono i verbi all'infinito.

a. Lo psicologo aveva molte cose interessanti _____ raccontare a proposito della persona che era incapace _____ dire di no.

b. Questa persona decise di entrare in terapia perché si era resa conto _____ non farcela più _____ andare avanti così: cercava _____ evitare tutti al lavoro e non aveva più voglia _____ vedere amici o parenti.

c. La terapia più efficace consisteva _____ cambiare le opinioni della paziente, ma ciò era molto difficile _____ farsi. Spesso era necessario trovare degli espedienti _____ invalidare le opinioni.

d. L'esperimento ebbe successo e la paziente era contenta _____ poter riprendere una vita regolare.

Approfondimento di riflessione

- Opera: *Così fan tutte. Don Giovanni*, Mozart.
- Letteratura: *Othello (Otello), Henry V (Enrico V). Hamlet (Amleto), Much Ado About Nothing (Molto rumore per nulla)*, William Shakespeare; *Le avventure di Pinocchio*, Carlo Collodi; *Kinder- und Hausmärchen: Schneewittchen und die sieben Zwerge (Fiabe: Biancaneve e i sette nani), Hänsel und Gretel (Hansel e Gretel), (Aschenputtel) Cenerentola*, Brüder Grimm.

Bibliografia

Annie Hall. Regia di Woody Allen. United Artists, 1977.
Collodi, Carlo. *Le avventure di Pinocchio*. Firenze: Felice Paggi, 1883.
Edipo re. Regia di Pier Paolo Pasolini. Euro International Films, 1967.
Grimm, Brüder. *Kinder- und Hausmärchen*. 1812.
Joyce, James. *Ulysses*. Paris: Sylvia Beach, 1922.
Mozart, Wolfgang Amadeus. *Così fan tutte*. 1790. Libretto di Lorenzo Da Ponte.
_____. *Don Giovanni*. 1787. Libretto di Lorenzo Da Ponte.
Saba, Umberto. "Autobiografia." *Il Canzoniere*. Trieste: Libreria Antica e Moderna, 1921
Shakespeare, William. *Hamlet*. 1599–1602.
_____. *Henry V.* 1599.
_____. *Much Ado About Nothing*. 1598–1599.
_____. *Othello*. 1603.
Sofocle. *Edipo re*. 420–430 AC.
Svevo, Italo. *La coscienza di Zeno*. Bologna: Cappelli, 1923.
Woolf, Virginia. *The Waves*. London: Hogarth Press, 1931.

UNITÀ 26
SCRIVANIE VUOTE

A. INTRODUZIONE ALLE TEMATICHE DEL RACCONTO

1. *Chaos and the Calm*, James Bay. Ascolta le canzoni dell'album e poi rispondi alle domande.

    a. Quali emozioni e stati d'animo risvegliano in te le canzoni di James Bay?
    b. Scegli una o più canzoni dall'album sopracitato e discuti di come l'artista riesce a ottenere un insieme musicale coesivo bilanciando caos e serenità.
    c. Individua nel testo della/e canzone/i parole o espressioni associabili a caos e serenità.
    d. Che cosa sono per te il caos e la serenità?
    e. Ti ricordi una situazione in cui ti sei trovato/a in uno stato di caos o di serenità? Descrivila.
    f. Fai delle anticipazioni sul contenuto del racconto in base a quello su cui hai appena lavorato.

B. VOCABOLARIO INIZIALE

scorci	spazi limitati di paesaggi
innevati	coperti di neve
ogni sorta	ogni specie
tappa	fermata
ammucchiati	*piled up*
precario	non sicuro
impilati	accumulati
stipati	*cluttered*
crolli	*falls*
caccia al tesoro	*treasure hunt*
piano interrato	*basement*
esoterico	oscuro
commessi	*sales people*
alcunché	nulla
sfodera	tira fuori
riemerge	torna in superficie
succo	contenuto
annuisce	dice di sì
cataste	*stacks*
prestigiatore	illusionista
equivoci	*misunderstandings*
supponiamo	pensiamo

a. *Sfodera* e *succo* sono parole usate in senso figurato nel testo. Scrivi due frasi con le parole usate nel loro senso proprio.
b. Stai programmando un viaggio in Europa o negli Stati Uniti. Quali tappe principali pensi di fare e perché?
c. Qual è la prossima tappa nella tua vita?
d. Come sono i tuoi libri? Ammucchiati ordinatamente sugli scaffali oppure messi qua e là sul pavimento?
e. Quali sono gli scorci innevati che preferisci? Da dove li vedi?
f. Hai mai partecipato ad una caccia al tesoro? Quando? Con chi?

1. **Completa le frasi con le parole che trovi nel vocabolario che hai studiato.**

    a. Dalla finestra di casa mia si vedono degli _____ bellissimi di monti _____ al tramonto.
    b. Spesso cercare un testo nella mia libreria è una _____.
    c. Non amo vedere i miei libri _____ perché mi sembrano disordinati.
    d. I _____ della libreria fanno amicizia con i clienti.

C. DOPO LA LETTURA

1. **Associa le parole della colonna A con le parole della colonna B con cui sembrano più strettamente collegate.**

   A
   a. ammucchiati
   b. misteriosa
   c. commessi
   d. equivoci
   e. individui
   f. dinamici
   g. disordine

   B
   h. caos
   i. lavoranti
   l. elastici
   m. esoterica
   n. dubbi
   o. impilati
   p. persone

2. **Delle parole sottolineate scegli i sinonimi giusti tra quelli proposti.**

   a. Una <u>prestazione</u> sportiva. opera – prova – resa
   b. Il <u>succo</u> del libro. punto – nocciolo – centro
   c. I libri sono <u>disposti</u> in modo casuale. preparati – messi – sistemati
   d. In alcune <u>zone</u> del negozio. parti – sezioni – aree
   e. Il gesto potrebbe portare <u>crolli</u> a catena dei libri. cadute – fini – disastri
   f. Il commesso <u>sfodera</u> un sorriso professionale. mostra – estrae – esibisce

3. **Completa con l'aggettivo corretto tra quelli dati.**

   a. Il commesso fa vedere un sorriso professionista – professionale – professorale
   b. I dipendenti della libreria sono molto effettivi – efficaci – efficienti
   c. Sono istituzioni disgraziate – disorganizzate – disorientate
   d. Questo libro di Carofiglio è proprio sorprendente – sorpreso – sorridente
   e. Gli scaffali sono disposti in modo casuale – causale – casale
   f. Nonostante il disordine, c'è un'organizzazione generica – generale – generosa
   g. I commessi trovano sempre i libri ricercati – richiesti – ridomandati

4. **Domande di comprensione del testo ed espansione.**

   a. Perché MacLeod's è considerato un posto fuori dal comune?
   b. Che cosa fanno di "straordinario" i commessi di MacLeod's?
   c. Di che cosa parla *La forza del disordine*, testo a cui fa riferimento il narratore?
   d. Ti piacerebbe lavorare da MacLeod's? Spiega perché.
   e. Il racconto termina con una frase di Albert Einstein. Ti ricordi qual è? Sei d'accordo con quello che dice Einstein?
   f. Tu sei una persona ordinata o disordinata? Spiega.
   g. Elenca alcuni aggettivi che possano descrivere una persona ordinata e una disordinata.
   h. Ordine e disordine in natura, nella società, e nell'individuo. Fai qualche esempio.
   i. Che rapporto hai con i tuoi libri? Dove li tieni?
   l. Immagina la libreria che Carofiglio frequenta di solito. Come pensi che sia?
   m. E tu? Che tipo di libreria ti piace frequentare e perché?

5. **Scrittura.**

   Immagina i pensieri di un cliente di una libreria che vede i libri ammucchiati ovunque in un disordine gigantesco.

6. **Presentazione orale.**

   Presenta la tua libreria ideale. Includi la descrizione dell'ambiente e delle persone che ti piacerebbe incontrarci e perché.

D. ELABORAZIONE
L'ordine e il disordine

1. **Letteratura.**
   - *Ordine e disordine*, Luciano De Crescenzo.
     a. Leggi il capitolo "Ordine e disordine nell'arte," riassumilo, ed elenca gli autori menzionati.
   - "Des plaisirs de l'ordre" ("Sui piaceri dell'ordine"), Montesquieu. Per l'autore è importante vedere le cose in modo ordinato perché ci aiuta a ricordarle e a trovarne godimento.
     b. Sei d'accordo con questa osservazione? Sì, no, perché?
   - *L'ordine del mondo*, Luigi Malerba. Marione, il protagonista della storiella, insoddisfatto della confusione di tutto quello che lo circonda, decide di mettere ordine nel mondo.
     c. Leggi la storia ed elenca alcune delle cose a cui Marione vorrebbe dare ordine.
     d. Come finisce la storia?

2. **Arte.**
   - Piet Mondrian, pittore olandese che ha introdotto lo stile astratto utilizzando dei semplici elementi geometrici.
   - *Tableau I (Composizione con nero, rosso, grigio, giallo, e blu)*
   - *Composition II in Red, Blue, and Yellow (Composizione in rosso, blu, e giallo)*
     a. Osserva i due quadri e spiega, a tuo parere, come Mondrian concepisce l'"ordine."
     b. Ricerca l'artista e presentalo in classe.
   - Jackson Pollock, artista americano famoso per aver introdotto la tecnica del *dripping* per andare contro la rappresentazione figurale.
   - *Full Fathom Five*
   - *Number 1A (Numero 1A)*
   - *One: Number 31 (Uno: Numero 31)*
     c. Scegli una delle opere sopracitate, decidi se Pollock fa parte dell'ordine o del disordine, e spiega perché.

- Alighiero Boetti, rappresentante dell'Arte Povera, credeva nell'esistenza di un ordine preciso in ogni cosa, anche se si manifesta in maniera disordinata.
- *Faccine*
- *Fregio*
- *Orme*
- *Poesie con il Sufi Berang*
    d. Ricerca le sue opere e presentale in classe. Rifletti e cerca di comprendere il suo "ordine."
- Miguel Ángel García, fotografo spagnolo che con le sue immagini mette in discussione l'ordine precostituito delle cose.
    e. Ricerca le sue fotografie e spiega che cosa significano. Qual è, secondo te, il messaggio del fotografo?
- Emilio Vedova, artista italiano che ha fatto parte del movimento informale molto vicino a Pollock.
- *Immagine del tempo (Sbarramento)*
    f. Ricerca questa opera e descrivine il significato.
    g. Pensi faccia parte dell'ordine o del disordine? Spiega.
- Wassily Kandinsky, artista russo che ha fuso musica, colore, e movimento nella sua arte. Visionario e precorritore della multimedialità, mira a individuare le relazioni profonde tra forma, suono, colore, luce, movimento.
    h. Ricerca l'artista e prepara una presentazione in cui metti in luce la sua arte e decidi se si tratta di ordine o disordine.

3. **Cinema.**
    - *Il disordine*, Franco Brusati.
    - *L'ordine delle cose*, Andrea Segre.
        a. Scegli uno dei due film e discuti dell'ordine o del disordine di cui parla.

4. **Musica.**
    - Ordine e/o disordine nel jazz, nel blues, e nella musica di John Cage e Philip Glass.
        a. Scegli un compositore o un genere musicale sopraelencato o un altro di tua preferenza, indivdua in esso la presenza di ordine o disordine, e spiega come questa si manifesta.

E. REVISIONE GRAMMATICALE

1. Riscrivi il secondo paragrafo del testo al *passato*. Dopo rifletti sulla nuova grammatica. L'esercizio è avviato.

    Cosa **rendeva** MacLeod's ...

2. *Participio presente* e *passato* usato come aggettivo. Individua i participi presenti e quelli passati, poi scrivine un sinonimo.

   Esempi: Impressione non del tutto rassicurante → *(p. presente), incoraggiante*

   a. gesto *sbagliato*
   b. libri *sorprendenti*
   c. sorriso *inquietante*
   d. libro *richiesto*
   e. monti *innevati*
   f. libri *usati*
   g. piano *interrato* e *disordinato*
   h. esempi *divertenti*
   i. sistemi *organizzati*
   l. assortimento *sterminato*

3. Riferisciti alle tematiche del racconto e scrivi quattro frasi complete in cui usi il participio presente e/o passato. Confrontati con un/a compagno/a.

4. Rifletti ed elabora sul racconto letto seguendo le indicazioni date di seguito. Ricordati di usare la forma verbale indicata tra parentesi.

   - In primavera il narratore (indicativo passato)
   - Montréal (indicativo presente)
   - MacLeod's (indicativo presente)
   - I commessi di MacLeod's (congiuntivo presente)
   - *La forza del disordine* (indicativo presente)
   - Ordine vs disordine (congiuntivo presente)
   - Albert Einstein (indicativo passato)
   - Il narratore (indicativo futuro)

Approfondimento di riflessione

- I frattali (dal latino fractus = spezzato) sono oggetti geometrici che si ripetono nella loro forma allo stesso modo. Il termine è stato coniato nel 1975 da Benoit Mandelbrot per descrivere alcuni comportamenti matematici che sembravano avere un atteggiamento "caotico."
- James Joyce, autore irlandese, ha introdotto lo stile del "flusso di coscienza" che esprime il "disordine" dell'inconscio.
- Joan Miró, artista spagnolo surrealista, in conflitto tra l'ordine e il disordine.

Bibliografia

Bay, James. *Chaos and the Calm*. Virgin Records – Republic Records, 2015.
Boetti, Alighiero. *Faccine*. 1977. Collocazione non disponibile.
_____. *Fregio*. 1990. Collocazione non disponibile.
_____. *Orme*. 1990. Collocazione non disponibile.
_____. *Poesie con il Sufi Berang*. 1989. Collocazione non disponibile.
Cage, John Milton. (1912–1992).

De Crescenzo, Luciano. *Ordine e disordine.* Milano: Mondadori, 1996.
García, Miguel Ángel. (1952–).
Glass, Philip. (1937–).
Il disordine. Regia di Franco Brusati. Titanus, 1962.
Joyce, James. (1882–1941).
Kandinsky, Wassily. (1866–1944).
L'ordine delle cose. Regia di Andrea Segre. Parthenons Distribuzione, 2017.
Malerba, Luigi. "L'ordine del mondo." *Storiette e storiette tascabili.* Torino: Einaudi, 1994.
Miró, Joan. (1893–1983).
Mondrian, Piet. *Composition II in Red, Blue, and Yellow.* 1930. Kunsthaus, Zurigo.
_____. *Tableau I.* 1921. Museum Ludwig, Colonia.
Montesquieu, Charles-Louis de Secondat. "Des plaisirs de l'ordre." *Essai sur le goût dans les choses de la nature e de l'art.* 1757.
Pollock, Jackson. *Full Fathom Five.* 1947. MoMA, New York.
_____. *Number 1A.* 1948. MoMA, New York.
_____. *One: Number 31.* 1950. MoMA, New York.
Vedova, Emilio. *Immagine del tempo (Sbarramento).* 1951. Guggenheim, Venezia.

UNITÀ 27
IL RIASSUNTO

A. INTRODUZIONE ALLE TEMATICHE DEL RACCONTO

1. Visione del film *The Post*, Steven Spielberg.
    a. Di che cosa parla il film?
    b. Quale relazione ci potrà essere tra il film e il racconto di Carofiglio?
    c. Qual è il ruolo del giornalismo nella società?
    d. Secondo te, esiste un giornalismo "vero?"
    e. Quali sono le qualità di un/a buon/a giornalista?
    f. Un/a giornalista deve essere sempre preparato/a quando intervista le persone per un suo articolo?

B. VOCABOLARIO INIZIALE

aneddoto	episodio particolare e curioso
agevole	facile
impegno	responsabilità
tenere una relazione	*give a talk*
convegno	conferenza
ti sei pentito	*you regretted it*
ti sei ridotto all'ultimo momento	hai aspettato troppo
squilla	suona
chissà	*who knows*
pignolo	meticoloso
accorgertene	rendertene conto
arduo	difficile
testata	titolo del giornale
giornale di provincia	giornale locale
prime battute	prime frasi
non andare troppo per il sottile	non essere troppo meticoloso
addirittura	perfino/anche
farsi un'opinione	avere un'idea precisa
intralcia	ostacola
prosegui	continui/vai avanti
compito	lavoro
te ne sono capitate	te ne sono successe/accadute
sedicente	che si vanta di essere ciò che non è
istituire	fondare/creare
discutibile	questionabile
interpellato	consultato
scalfirlo	toccarlo superficialmente

a. Racconta un aneddoto che ti è capitato. Spiega quando, con chi e come ti sei sentito/a.
b. Sei pignolo/a? Oppure sbrigativo/a?
c. Conosci una persona sedicente? Perché è sedicente? Descrivila.

C. DOPO LA LETTURA

1. Indica l'iperonimo, cioè la parola che include tutte le altre come nell'esempio.

a.	tastiera	monitor	**computer**	dischetto	processore
b.	paese	città	nazione	provincia	regione
c.	infermiere	professione	scrittore	giornalista	avvocato
d.	trama	storia	romanzo	conflitto	finale
e.	cellulare	portatile	fisso	telefono	mobile
f.	siccome	nonostante	sebbene	perciò	congiunzione

162 IL RIASSUNTO

2. Inserisci la parola che abitualmente si colloca dopo quella sottolineata come nell'esempio.

- a. L'aneddoto che segue è vero in <u>tutto</u> e per **tutto**.
- b. Trovai la storia curiosa e presi degli appunti, <u>prima</u> o _____ mi sarebbe tornata utile.
- c. La persona che mi venne a parlare avrà avuto <u>più</u> o _____ cinquant'anni.
- d. Mi disse che aveva spostato <u>mari</u> e _____ per poter avere quell'intervista.
- e. All'inizio sembrava nervosa, non faceva che guardare a <u>destra</u> e a _____.
- f. Poi all'improvviso tutto cambiò, mi osservò dall'<u>alto</u> al _____ e mi fece la prima domanda.

3. Domande di comprensione del testo ed espansione.

- a. Scegli tra le seguenti definizioni quella che descrive meglio il racconto e spiega perché.
  - Una storia inventata
  - Un racconto di brutto giornalismo
  - Un'esperienza divertente
  - Una mancanza di professionalità
  - Una storia di giornalismo moderno
- b. Chi è il protagonista del racconto?
- c. Dove ha luogo la storia?
- d. Come reagisce Carofiglio?
- e. Secondo te, bisogna rispondere o non rispondere al telefono quando il numero è sconosciuto?
- f. Pensi che la richiesta del giornalista sia strana, assurda, non professionale, – conveniente? Scegli e spiega perché.
- g. Che cosa decide di fare alla fine Carofiglio?
- h. Che cosa avresti fatto tu?
- i. Trova nel testo le parti che fanno capire il sarcasmo dell'autore.
- l. A tuo parere, perché Carofiglio scrive questo racconto in seconda persona?
  - Per mostrare una relazione più familiare con il lettore
  - Per presentarci un fatto personale
  - Per rendere il lettore protagonista della storia
  - Altro
  - Quale tecnica narrativa preferisci tu? La narrazione scritta in prima, in seconda, o terza persona? Motiva la tua risposta

4. Scrittura.

Scegli a oppure b.

- a. "È proprio riflettendo sulle diverse manifestazioni della forma breve che ci si rende conto di quanto la libertà della scrittura sia esaltata, non compromessa, dall'imposizione dei vincoli di lunghezza" (*Forma breve*, Gianrico Carofiglio). Ragiona su ciò che dice lo scrittore e scrivi un riassunto del racconto che non superi le 50 parole.

b. Immagina una conversazione tra l'autore e un giornalista e scrivi un dialogo di almeno dieci battute a testa.

5. **Presentazione orale.**

Presenta i punti in comune tra il film *The Post* e il racconto "Il riassunto."

D. ELABORAZIONE

1. **Giornalismo.**

Il giornalismo è comunicazione, cioè trasferire le informazioni ottenute da una fonte ad un destinatario attraverso un canale che è il linguaggio.

   a. Quali pensi siano le qualità di un buon giornalista?
   b. Di seguito la lista di alcuni famosi giornalisti/scrittori. Ricerca quello che preferisci e indica le qualità del suo giornalismo, scegliendo dalle alternative fornite.

   1. Enzo Biagi
   2. Indro Montanelli
   3. Oriana Fallaci
   4. Truman Capote

   - Giornalismo serio
   - Impegno politico
   - Accuratezza delle informazioni
   - Soggettività
   - Coinvolgimento del lettore

2. **Scrivere e parlare di giornalismo.**

   - Gianrico Carofiglio

   "Occuparsi del linguaggio pubblico e della sua qualità non è dunque un lusso da intellettuali o un esercizio da accademici. È un dovere cruciale dell'etica civile" (*Con parole precise*, 3).

   a. Sei d'accordo con quello che dice Carofiglio?

3. **Giornalismo al cinema.**

   - *Spotlight* (*Il caso Spotlight*), Thomas McCarthy.

   Il film narra le vicende reali emerse dopo l'indagine del quotidiano *The Boston Globe* sull'arcivescovo Bernard Francis Law, accusato di aver coperto molti casi di pedofilia avvenuti in diverse parrocchie. Questo aprì numerose indagini sui casi di pedofilia all'interno della Chiesa cattolica.

   - *All the President's Men* (*Tutti gli uomini del presidente*), Alan J. Pakula.

   Il film è la cronaca dell'inchiesta del *Washington Post* che nel 1972 portò allo scandalo Watergate.

a. Entrambi i film hanno voluto dedicare spazio a vicende che erano state denunciate prima sulla carta. Secondo te, quale forma di denuncia è più efficace, giornalismo o cinema? Spiega.

E. REVISIONE GRAMMATICALE

1. **Inserisci i *connettivi* dati tra quelli che seguono.**

   che (2) – poi – mio – quando – gli (3) – quello – dopo – ma

   Sto per scrivere una relazione _____ sento suonare il telefono. È un giornalista _____ vuole farmi un'intervista sul _____ ultimo libro. Mi dice che prima vuole farmi delle domande sul lavoro di magistrato e _____ di scrittore. _____ mi dice che non ha letto il libro, _____ io avrei potuto fargliene una sintesi e _____ lui mi avrebbe fatto le domande pertinenti. A quel punto io _____ chiedo se preferiva la sintesi a voce o per iscritto. Il giornalista risponde _____ un testo scritto _____ avrebbe semplificato il lavoro. L'uomo era veramente fuori del comune ma mi è diventato simpatico al punto che _____ ho davvero mandato la sintesi.

2. **Completa con la corretta *preposizione* che precede il pronome *chi*.**

   Esempio: È la condizione ideale **per** chi debba fare un'intervista di questo genere.

   a. Signor Carofiglio, _____ chi è stato influenzato lei?
   b. _____ chi si fida lei?
   c. _____ chi crede?
   d. _____ chi le piacerebbe naufragare in un'isola deserta?
   e. In una situazione di emergenza, _____ chi è sicuro di poter contare?
   f. _____ chi vorrebbe scrivere una lettera?
   g. A una cena, _____ chi le piacerebbe stare seduto?
   h. _____ chi si farebbe un tatuaggio?

3. **Abbina le frasi correttamente.**

   a. Mi ero da poco seduto davanti al computer
   b. Dato che è lei che mi ha chiamato
   c. Visto che il giornalista insisteva
   d. Le dispiacerebbe
   e. Il giornalista non aveva ancora letto il libro
   f. Se potesse scrivermi una sintesi
   g. L'uomo sembrò meravigliato
   h. Siccome la storia era interessante

   i. decisi di continuare la conversazione.
   l. se cominciassimo da quando era magistrato?
   m. perché non si aspettava una risposta simile.
   n. pensai che avrei dovuto scriverla.
   o. mi faciliterebbe il lavoro.
   p. quando ho sentito squillare il telefono.
   q. perciò non sapeva di cosa parlasse.
   r. dovrebbe sapere con chi parla.

4. **Riscrivi il paragrafo in *terza persona*, poi scegli la versione che ti sembra più efficace e spiega perché.**

"Non rispondi subito. Pensi che in questi anni, da quando hai cominciato a scrivere romanzi, te ne sono capitate di tutti i colori e hai incontrato ogni tipo di personaggi bizzarri. Come quella volta che una ragazza, anche lei sedicente giornalista, ti chiese un'intervista per un sito erotico dai contenuti piuttosto espliciti. A quanto pareva il direttore (i siti erotici hanno un direttore?) aveva deciso di istituire una rubrica letteraria e a te era toccato il discutibile privilegio di essere il primo scrittore interpellato" (*Passeggeri notturni*, 85).

Approfondimento di riflessione

- romanzo reportage, o "romanzo-verità," utilizza stili e tempi della letteratura per trattare storie e personaggi reali. Il lettore viene virtualmente accompagnato sul luogo dei fatti: uno degli obiettivi primari è proprio quello di mostrare gli avvenimenti al lettore come se li vedesse da dietro il mirino di una telecamera.
- Tom Wolfe, scrittore e giornalista fondatore del movimento *New Journalism*.
- Film: *Network* (*Quinto potere*), Sidney Lumet; *The Insider* (*Dietro la verità*), Michael Mann.

Bibliografia

All the President's Men. Regia di Alan J. Pakula. Warner Bros., 1976.
Biagi, Enzo. (1920–2007).
Capote, Truman. (1924–1984).
Carofiglio, Gianrico. *Con parole precise. Breviario di scrittura civile*. Roma-Bari: Laterza, 2015.
Fallaci, Oriana. (1929–2006).
Montanelli, Indro. (1909–2001).
Network. Regia di Sidney Lumet. United Artists, 1976.
Spotlight. Regia di Thomas McCarthy. Open Road Films, 2015.
The Insider. Regia di Michael Mann. Buena Vista Pictures Distribution, 1999.
The Post. Regia di Steven Spielberg. 20th Century Fox, 2017.
Wolfe, Tom. (1930–2018).

UNITÀ 28
RANE

A. INTRODUZIONE ALLE TEMATICHE DEL RACCONTO

- Prova a dedurre il contenuto del racconto in base al titolo.

    1. Visione del film *Sleeping with the Enemy* (*A letto con il nemico*), Joseph Ruben.
        a. Che tipo di matrimonio è presentato nel film?
        b. Descrivi l'evoluzione del rapporto matrimoniale.
        c. Che ruolo ha la paura nel matrimonio dei protagonisti?
        d. Quali stati d'animo ed emozioni fa nascere in te il film?

B. VOCABOLARIO INIZIALE

rana	*frog*
corporea	del corpo
ambiente	*environment*
bestiola	piccolo animale
tepore	lieve/leggero calore
a fatica	con difficoltà
a disagio	*uncomfortable*
ormai	a questo punto
balzo	salto
barbaro	incivile
incresciose	*regrettable*
consente di fare	permette di fare

1. **Indica il sinonimo (S) e l'antinomo (A) delle parole sottolineate.**

   a. breve <u>premessa</u> zoologica — prefazione, epilogo
   b. essere <u>inclini</u> agli esperimenti — contrari, favorevoli
   c. la rana non <u>si spaventa</u> — ha paura, è tranquilla
   d. <u>si gode il</u> bagno — soffre del, gioisce del
   e. la temperatura la <u>intorpidisce</u> — addormenta, rafforza
   f. la rana <u>si indebolisce</u> — si debilita, si invigorisce
   g. non sia stato <u>messo in atto</u> — effettuato, omesso
   h. <u>mutano</u> in maniera impercettibile — cambiano, restano uguali

2. **Dai verbi che seguono forma i sostantivi aggiungendo il suffisso *-mento*, *-sione*, *-zione*. Poi scegline due o tre e utilizzali per scrivere un breve paragrafo riferendoti al film *Sleeping with the Enemy*.**

   Esempio: Indebolire → *l'indebolimento*

   a. adattare
   b. riscaldare
   c. immaginare
   d. immergere
   e. rilassare
   f. godere
   g. indebolire
   h. interpretare
   i. comprendere
   l. l. reagire

3. **Scrivi due o tre termini collegabili con le seguenti parole come nell'esempio.**

   a. fuoco → *fiamma – calore – carboni*
   b. rana
   c. acqua
   d. abuso
   e. coppia
   f. sensazione
   g. relazione

C. DOPO LA LETTURA

1. **Associa logicamente le parole della colonna A con le parole della colonna B con cui ti sembrano più in relazione.**

A	B
a. bestiola	h. sopportazione
b. tepore	i. persecuzione
c. spiacevole	l. rana
d. dannosi	m. tiepido
e. manipolazione	n. incresciose
f. abuso	o. tossici
g. adattamento	p. psicologico

2. **Scegli il suggerimento che corrisponde alla metafora sottolineata.**

   a. Quella mia amica si trovava in <u>un mare di guai</u> (gravi problemi – crociera – una situazione imbarazzante).
   b. Io avrei voluto <u>darle una mano</u> (vederla – portarla fuori – aiutarla), ma lei mi ha detto che non ce n'era bisogno.
   c. La sua vita era diventata <u>un inferno</u> (molto calda – molto noiosa – molto brutta).
   d. Le ho detto che avrebbe dovuto <u>aprire gli occhi</u> (vedere – capire – sentire) prima che fosse troppo tardi.
   e. Ma le mie erano parole <u>al vento</u> (piacevoli – inutili – interessanti) e lei continuava a <u>essere una tomba</u> (non ascoltare – essere muta – essere arrabbiata).
   f. Alla fine mi ha detto che ero una persona <u>senza cuore</u> (cattiva – spiacevole – maleducata) perché non capivo la sua situazione.

3. **Domande di comprensione del testo ed espansione.**

   a. Di che cosa parla Carofiglio dandoci l'esempio della rana?
   b. L'autore dice che la storia è una metafora molto significativa che ci spinge a pensare e riflettere. Che cosa ne pensi tu?
   c. Che cos'è una metafora?
   d. Perché, a tuo parere, l'autore utilizza una metafora?
   e. Qual è il messaggio finale del racconto?
   f. Secondo te, quanto è importante 1– adattarsi a persone e ambienti, 2 – comprendere quando l'adattamento diventa una situazione inutile e pericolosa, 3 – sapere quando reagire all'abuso?

4. **Scrittura.**

   Il cambiamento di ambiente e di persone può creare dubbi e incertezze su ognuno di noi. Ti ricordi del periodo in cui hai lasciato un ambiente scolastico familiare e hai cominciato l'università? Qual era il tuo stato d'animo, quali emozioni hai provato? È stato difficile adattarsi a questo nuovo ambiente e fare amicizie? Racconta nei dettagli qualche episodio che ricordi in modo particolare.

5. **Presentazione orale.**

   Conosci qualche mostra o progetto socioculturale che vuole essere un momento di riflessione sulla violenza?

D. ELABORAZIONE

1. **La musica contro la violenza e l'abuso.**

   Da sempre le canzoni sono pioniere contro la violenza umana fisica e psicologica: Violenza dell'uomo verso la donna e violenza della donna verso l'uomo.

   a. Tra le canzoni che seguono, scegli quella che preferisci e rifletti sull'argomento di cui parla.

   - Bon Jovi, *You Give Love a Bad Name*.
   - Beyoncé, *Jealous*.
   - Pearl Jam, *Better Man*.
   - Hozier, *Cherry Wine*.
   - Tracy Chapman, *Behind the Wall*.
   - Eminem, *Love the Way You Lie (Part II)*.
   - Carrie Underwood, *Church Bells*.
   - Gemelli DiVersi, *Mary*.

2. **Violenza nell'arte.**

   a. La rappresentazione visiva dell'atto di violenza. Scegli il quadro che preferisci tra quelli indicati sotto e indica come, a tuo parere, l'artista rappresenta l'atto di violenza.

   - Caravaggio, *Giuditta e Oloferne*.
   - Artemisia Gentileschi, *Giaele e Sisara*.
   - Rembrandt, *The Rape of Proserpina (Ratto di Proserpina)*.
   - Giambologna, *Sansone e un Filisteo*.
   - _____. *Ratto delle Sabine*.
   - Bernini, *Apollo e Dafne*.
   - Picasso, *Il ratto delle Sabine*.

3. **Violenza nel cinema.**

   a. Ricerca i seguenti film e individua il tipo di violenza di cui parlano, poi discutine con i tuoi compagni.

   - *North Country (North Country – Storia di Josey)*, Niki Caro.
   - *La bestia nel cuore*, Cristina Comencini.
   - *Terror at Home*, Maryann DeLeo.
   - *What's Love Got to Do with It*, Brian Gibson.
   - *The Color Purple (Il colore viola)*, Steven Spielberg.
   - *Nome di donna*, Marco Tullio Giordana.

4. **Violenza nella letteratura.**

    - *Non mi fai più paura*, Adele Dolci.
        a. Quale motivazione spinge Adele Dolci a parlare della violenza? Esperienza personale? Fatti di cronaca? Fatti successi a persone conosciute? Scegli e rifletti.

5. **Violenza nella fotografia.**

    - *Untitled (Your Body is a Battleground)*, Barbara Kruger.
        a. Ricerca *Untitled* e spiega il suo significato.
        b. Conosci qualche altro esempio di denuncia simile a quello della Kruger?

E. REVISIONE GRAMMATICALE

1. **Completa la storia con le *preposizioni* e *congiunzioni* mancanti.**

    Il racconto "Rane" comincia _____ una premessa zoologica. Carofiglio ci informa _____ la temperatura corporea della rana è variabile e si adatta all'ambiente in cui si trova e porta l'esempio di una rana che, messa _____ una pentola piena _____ acqua fredda, comincia _____ nuotare tranquillamente. Se poi si accende il fuoco _____ la pentola, l'acqua si scalda gradualmente e _____ rana piace la nuova sensazione _____ tepore. L'acqua continua _____ riscaldarsi, la temperatura aumenta e la rana inizia _____ muoversi con difficoltà e si sforza _____ adattarsi alla nuova temperatura. Spera _____ la spiacevole situazione passi, _____ la situazione non passa. La temperatura aumenta e la rana diventa sempre più debole, fino _____ non riuscire più ad adattarsi all'ambiente e muore _____ acqua bollente.

2. **Riscrivi le frasi con il *si impersonale* o *passivante* e il *congiuntivo presente* e *passato*. Dopo completale liberamente.**

    Esempio: Immaginiamo di fare un nuovo esperimento che ... → Immaginiamo che si faccia/si sia fatto un nuovo esperimento che possa servire come esempio.

    a. È importante ascoltare il messaggio di questa storia perché ...
    b. Immaginiamo di immergere una rana in una pentola e di ...
    c. Immaginiamo poi di essere inclini agli esperimenti crudeli e che ...
    d. Immaginiamo adesso di accendere il fuoco. Poi ...
    e. Immaginiamo di lasciare riscaldare l'acqua fino a quando ...
    f. Auguriamoci di non vedere mai esperimenti così crudeli perché ...
    g. Bisogna essere capaci di saltare fuori dall'acqua prima che ...
    h. Bisogna sapere quando reagire all'abuso di modo che ...
    i. È importante avere la capacità di comprendere quando l'adattamento diventa sopportazione inutile e pericolosa per potere ...
    l. Bisogna evitare situazioni increscione. Solo così ...

3. **Cambia le parti sottolineate con il *si impersonale* o *passivante* e indicane la differenza.**

   In ogni relazione, affettiva o di lavoro, è importante che <u>le persone abbiano</u> la capacità di adattarsi a persone e ambienti. Facendo questo <u>le persone fanno</u> nuove esperienze, <u>apprendono</u> cose nuove, <u>instaurano</u> relazioni equilibrate, tolleranti, e creative. Altrettanto importante è che <u>le persone possiedano</u> la capacità di comprendere quando l'abuso diventa sopportazione inutile e pericolosa. Se <u>le persone si trovano</u> in una situazione spiacevole, è importante che <u>reagiscano</u> il prima possibile e non <u>finiscano</u> con l'essere segnate dalla manipolazione, dall'abuso psicologico, e dalla violenza. Se <u>le persone ci riescono</u>, <u>sono fortunate</u> e <u>evitano</u> di trovarsi in situazioni che spesso finiscono con la violenza fisica, a volte estrema.

4. **Qual è, a tuo parere, il tema principale del racconto? Scegli, giustifica la scelta, e scrivi tre frasi complete in cui usi il *si impersonale* o *passivante*. Confrontati con un/a compagno/a.**

Approfondimento di riflessione

- Film: *Samson and Delilah* (*Sansone e Dalila*), Cecil B. DeMille.
- Letteratura: *Samson Agonistes* (*I nemici di Sansone*), John Milton; *L'amore dietro ogni cosa*, Simone Di Matteo.
- Musica: *Samson* (*Sansone*), Handel; *Sam and Delilah* (*Sansone e Dalila*), George and Ira Gershwin.

Bibliografia

Bernini, Gianlorenzo. *Apollo e Dafne*. 1622–1625. Galleria Borghese, Roma.
Beyoncé. "Jealous." *Beyoncé*. Parkwood – Columbia, 2013.
Bon Jovi. "You Give Love a Bad Name." *Slippery when Wet*. Mercury – Vertigo, 1986.
Caravaggio. *Giuditta e Oloferne*. 1597 ca. Barberini Corsini Gallerie Nazionali, Roma.
Chapman, Tracy. "Behind the Wall." *Tracy Chapman*. Elektra, 1988.
Di Matteo, Simone. *L'amore dietro ogni cosa*. Roma: Edizioni DrawUp, 2016.
Dolci, Adele. *Non mi fai più paura*. Milano: Feltrinelli, 2016.
Eminem, featuring Rihanna. "Love the Way You Lie (Part II)." *Recovery*. Aftermath – Shady – Interscope, 2010.
Gemelli DiVersi, "Mary." *Fuego*. Best Sound Ricordi, 2002.
Gentileschi, Artemisia. *Giaele e Sisara*. 1620. Museo di Belle Arti, Budapest.
Gershwin, George and Ira. "Sam and Delilah." *Girl Crazy*. Broadway, 1930.
Giambologna. *Ratto delle Sabine*. 1574–1580. Loggia dei Lanzi, Firenze.
———. *Sansone e un Filisteo*. 1562 ca. Victoria and Albert Museum, Londra.
Handel, George Frideric. *Samson*. Oratorio, 1741.
Hozier. "Cherry Wine." *Hozier*. Island, Columbia & Rubiworks, 2014.
Kruger, Barbara. *Untitled* (*Your Body is a Battleground*). 1989.
La bestia nel cuore. Regia di Cristina Comencini. 01 Distribution, 2005.
Milton, John. *Samson Agonistes*. London: J.M. for John Starkey, 1671.
Nome di donna. Regia di Marco Tullio Giordana. Videa, 2018.
North Country. Regia di Niki Caro. Warner Bros., 2005.
Pearl Jam. "Better Man." *Vitalogy*. Epic, 1994.

Picasso, Pablo. *Il ratto delle Sabine*. 1963. Museum of Fine Arts, Boston.
Rembrandt. *The Rape of Proserpina*. 1631 ca. Gemäldegalerie, Berlino.
Samson and Delilah. Regia di Cecil B. DeMille. Paramount Pictures, 1949.
Sleeping with the Enemy. Regia di Joseph Ruben. 20th Century Fox, 1991.
Terror At Home: Domestic Violence in America. Regia di Maryann DeLeo. Lifetime Television, 2005.
The Color Purple. Regia di Steven Spielberg. Warner Bros., 1985.
Underwood, Carrie. "Church Bells." *Storyteller*. Arista Nashville – 19, 2015.
What's Love Got to Do with It. Regia di Brian Gibson. Buena Vista Pictures Distribution Inc., 1993.

UNITÀ 29
NELLE ARDENNE

A. INTRODUZIONE ALLE TEMATICHE DEL RACCONTO

- Sai che cosa sono le Ardenne?
- Fai delle anticipazioni sul contenuto del racconto in base al titolo.

1. Visione del film *Schindler's List* (*La lista di Schindler*), Steven Spielberg.

    a. Quali sentimenti ed emozioni ha suscitato in te il film?
    b. Che cosa ha fatto di straordinario Oskar Schindler?
    c. Oskar Schindler è esistito davvero?

d. Perché pensi che Steven Spielberg abbia raccontato la storia di Oskar Schindler?
e. Per te, che cos'è il coraggio?
f. Definisci una persona coraggiosa scegliendo dalla lista che segue e giustificando la risposta.

- Non ha paura
- È molto responsabile
- Rischia senza conoscere le possibili conseguenze
- È religiosa e credente
- Odia le ingiustizie
- Affronta situazioni difficili perché crede nella giustizia
- Altro

B. VOCABOLARIO INIZIALE

onorificenza	riconoscimento di onore
erano sbarcate	*landed*
entro	prima della fine di
scatenò	causò
inatteso	non aspettato
offensiva	attacco
arretrare	retrocedere/tornare indietro
subirono	ebbero
avviarli	mandarli
sterminio	*execution*
a pieno regime	al massimo
sopravvivenza	*survival*
in caso di cattura	se erano catturati
piastrine di riconoscimento	*name tags*
smistamento	separazione
convocò	chiamò
farsi avanti	venire avanti
rivolgendosi	*turning to*
sfida	provocazione
estrasse	tirò fuori
mise il colpo in canna	*he loaded a bullet in the chamber*
numero di matricola	numero che identifica la categoria a cui appartiene il soldato
si fronteggiavano	si trovavano di fronte
tono rabbioso	*angry tone*

1. L'onorificenza: elenca degli oggetti che si possono considerare espressioni di onorificenza.
2. Tono rabbioso: in quali situazioni hai avuto un tono rabbioso? Spiega con chi e perché.
3. Parole omonime che cambiano significato a seconda del genere. Scegli la definizione corretta.

a.	il fronte	b.	la fronte	**b.** parte del viso	**a.**	dove si combatte
c.	il capitale	d.	la capitale	di una nazione		somma di denaro
e.	il fine	f.	la fine	lo scopo		il termine
g.	il radio	h.	la radio	per ascoltare notizie		elemento chimico
i.	il lama	l.	la lama	di un coltello		animale
m.	il camerata	n.	la camerata	compagno		dormitorio
o.	il metro	p.	la metro	unità di lunghezza		ferrovia urbana
q.	il boa	r.	la boa	galleggiante nel mare		serpente
s.	il rosa	t.	la rosa	fiore		colore
u.	il morale	v.	la morale	etica		umore

C. DOPO LA LETTURA

1. **Dai seguenti nomi forma i possibili aggettivi e avverbi.**

    AGGETTIVI   AVVERBI

    a. l'ufficiale
    b. il pericolo
    c. il silenzio
    d. la nazione
    e. il mondiale
    f. il centro
    g. l'ordine
    h. il riconoscimento

2. **Nelle frasi che seguono, scegli la parola corretta tra quelle in corsivo.**

    a. La *trattazione* – Il *trattamento* dei prigionieri.
    b. La *previsione* – La *previdenza* dei giorni a seguire non era allettante.
    c. I prigionieri furono portati nel campo di *concentramento* – *concentrazione*.
    d. Nel suo *contingente* – Nella sua *contingenza* c'erano più di mille uomini.
    e. Il gesto andava contro il *regolamento* – la *regolazione*.
    f. Arrivati nel centro di *smistatore* – *smistamento,* i prigionieri sarebbero stati trasferiti.
    g. Tutto era in accordo alle *prescrizioni* – ai *prescritti* della convenzione.
    h. Il capitano aveva indicato la *distruzione* – il *distruggimento* delle loro piastrine di riconoscimento.

3. **Domande di comprensione del testo ed espansione.**

    a. Come definiresti "Nelle Ardenne?" Scegli e spiega se è un racconto di – coraggio – onestà – altruismo – solidarietà – patriottismo.
    b. Pensi che il titolo del racconto sia efficace? Sì, no, perché? Se no, quale titolo daresti tu?
    c. Perché Roddie Edmonds ha ricevuto un'onorificenza?
    d. Che cos'è successo nelle Ardenne?
    e. Individua le parole chiave del racconto e spiega il perché della tua scelta.

f. Secondo te, in sole tre pagine Carofiglio è riuscito nel suo intento di raccontare la storia del sergente maggiore Edmonds o avrebbe dovuto espandere ulteriormente? Spiega.
g. Hai mai sentito di storie simili a questa?

- Il Sergente Maggiore Roddie Edmonds fu catturato dai nazisti con altri mille soldati americani alla fine del 1944 e rimase prigioniero per 100 giorni.

4. **Scrittura.**

    Che cosa sai dell'Olocausto? Ricerca, analizza, e porta degli esempi.

5. **Presentazione orale.**

    Ricerca una mostra dedicata alle violenze e deportazioni ai danni degli ebrei. Comincia soffermandoti sul messaggio dell'evento

D. ELABORAZIONE

1. **L'Olocausto – *Shoah*.**

    - A Yad Vashem, Gerusalemme, c'è una scultura che rappresenta simbolicamente l'Olocausto.

        a. Ricerca quest'opera d'arte e decidi che cosa vuole mettere in evidenza.

2. **La letteratura.**

    - Primo Levi, *Se questo è un uomo*. Racconto testimonianza degli undici mesi trascorsi nel campo di concentramento di Auschwitz.

        a. La traduzione inglese del libro di Primo Levi è *Survival in Auschwitz*. Pensi che trasferisca lo stesso messaggio del titolo italiano? Gira per la classe e chiedi ai tuoi compagni che cosa ne pensano e poi fai un resoconto all'intera classe.
        b. Scegli degli aggettivi che possano descrivere il titolo italiano e quello inglese.
        c. Esprimi le tue impressioni sulla poesia che apre il libro.

    - Michel Kichka, figlio di un sopravvissuto dell'Olocausto e disegnatore che ha raccontato a fumetti l'esperienza dell'Olocausto per poterla presentare anche ai bambini.

        a. Secondo te, è necessario parlare (anche ai bambini) delle atrocità dell'Olocausto?
        b. Ricerca il libro di Kichka, *Second Generation* (*La seconda generazione*) e presentalo in classe.

3. **Il cinema.**

    - Roberto Benigni, *La vita è bella*.

        a. Perché il titolo *La vita è bella*? Sembra una contraddizione dal momento che racconta le atrocità dell'Olocausto. Espandi.
        b. Pensi ci sia affinità con il testo scritto da Michel Kichka? Scrivi ciò che le due opere possono avere in comune.

    - Roman Polanski, *The Pianist* (*Il pianista*).

        c. Rifletti sulle eroiche lotte degli abitanti nel ghetto di Varsavia.

4. **L'arte.**

   - Marc Chagall, *Crucifixion en jaune* (*Crocifissione in giallo*).
   - Felix Nussbaum, *Autoritratto con carta d'identità ebraica*.
   - David Olère, *Dans la salle des fours* (*La stanza del forno*).

     a. Perché, a tuo parere, questi artisti hanno rappresentato l'Olocausto?
     b. Ricerca ed elenca che cosa accomuna i tre artisti.

E. REVISIONE GRAMMATICALE

1. **Scegli il *connettivo* appropriato.**

   a. I comandi americani erano convinti che la guerra angloamericana si sarebbe conclusa entro l'anno, *siccome – ma – dato che* si sbagliavano.
   b. *Dal momento che – Affinché – Purché* furono prese di sorpresa, le forze angloamericane subirono perdite durissime.
   c. Le truppe americane erano state avvertite *poiché – che – dato che* i soldati ebrei sarebbero stati in gravissimo pericolo.
   d. Questi venivano istruiti sulla necessità di distruggere le loro piastrine di riconoscimento *perché – per il motivo che – considerato che* potevano facilmente identificarli come ebrei.
   e. *In quanto – Visto che – Per il fatto che* non ascoltavano, il comandante estrasse la pistola.
   f. Farà meglio ad ucciderci tutti *che – poiché – siccome* se non lo fa, verrà arrestato e processato per omicidio.

2. **Completa con il *participio presente* o *passato* dei verbi evidenziati e poi rifletti sulla loro funzione nel testo. L'esercizio è avviato.**

   COMANDARE *Il comandante* del centro convocò i prigionieri e ordinò agli ebrei di farsi avanti. Era una situazione ALLARMARE _____, ma il sergente maggiore disse che tutti lì erano ebrei e ordinò ai suoi uomini di fare un passo avanti. Il nazista, con la faccia TENDERE _____ e i denti STRINGERE _____ urlò che non era possibile che tutti fossero ebrei e puntò la pistola alla testa del sergente. Un po' ESITARE _____, il sergente recitò il suo nome, il grado, e il numero di matricola. Tutti i PRESENTARE _____ fissarono i due uomini. Dopo alcuni secondi interminabili, il nazista abbassò l'arma e ordinò ai prigionieri di rientrare nelle baracche. Tutti gli ebrei erano salvi. I giorni SEGUIRE_____ furono pieni di grandi cambiamenti.

3. **Metti i verbi tra parentesi al *participio passato* come nell'esempio.**

   (Dopo aver convocato) *Convocati* i prigionieri nel piazzale, il comandante ordinò agli ebrei di fare un passo avanti. (Dopo aver sentito) _____ l'ordine, il sergente maggiore rispose che tutti lì erano ebrei e (dopo essersi rivolto) _____ ai suoi uomini, gli comandò di fare un passo avanti. Il nazista cominciò a urlare e (dopo aver estratto) _____ la pistola, la puntò alla testa del sergente. Ma (dopo essere passati) _____ alcuni secondi, abbassò l'arma e ordinò ai prigionieri di rientrare nelle baracche. (Dopo aver pronunciato) _____ quelle parole, il nazista contattò il comando per ulteriori ordini.

4. **Completa con l'*infinito*, il *participio*, o il *gerundio*.**

   a. (Ottenere) _____ il riconoscimento, il soldato americano ringraziò tutti, poi (alzare) _____ la voce, cominciò il suo discorso.
   b. (Finire) _____ il discorso, i (partecipare) _____ applaudirono ininterrottamente e il soldato, (commuovere) _____, si asciugò gli occhi.
   c. Poi si sedette e cominciò a (ricordare) _____ il passato, la foresta delle Ardenne, i soldati, i prigionieri ebrei, e l'ufficiale tedesco (arrabbiare) _____.
   d. (Rendersi conto) _____ che gli applausi continuavano, il soldato si alzò e si diresse verso il podio (tremare) _____ dall'emozione.

Approfondimento di riflessione

- Giorgio Perlasca, un italiano di Padova insignito con la stessa onorificenza di Roddie Edmonds.
- Wehrmacht, denominazione delle forze armate della Germania nazista, distinte dalle milizie armate del partito nazionalsocialista (tra le quali le *SS*).
- Letteratura: *The Diary of Anne Frank* (*Il diario di Anna Frank*), Anne Frank.
- Film: *Hannah Arendt*, Margarethe von Trotta; *The Diary of Anne Frank*, George Stevens.

Bibliografia

Chagall, Marc. *Crucifixion en jaune*. 1942. Centre Pompidou, Parigi.
Edmonds, Roddie. (1919–1985).
Frank, Anne. *The Diary of Anne Frank*. 1947. England: Valeentine Mitchell, 1952.
Hannah Arendt. Regia di Margarethe von Trotta. NFP Marketing and Distribution, 2012.
Kichka, Michel. *Second Generation: The Things I Didn't Tell My Father*. France: Europe Comics, 2016.
La vita è bella. Regia di Roberto Benigni. Cecchi Gori Group, 1997.
Levi, Primo. *Se questo è un uomo*. Torino: Francesco De Silva, 1947.
Nussbaum, Felix. *Autoritratto con carta d'identità ebraica*. 1943. Felix Nussbaum Haus, Osnabrück.
Olère, David. *Dans la salle des fours*. 1945. Ghetto Fighters House, Israel.
Perlasca, Giorgio. (1910–1992).
Schindler's List. Regia di Steven Spielberg. Universal Pictures, 1993.
The Diary of Anne Frank. Regia di George Stevens. 20th Century Fox, 1959.
The Pianist. Regia di Roman Polanski. Focus Features – Studio Canal, 2002.

UNITÀ 30
STANZE

A. INTRODUZIONE ALLE TEMATICHE DEL RACCONTO

1. Leggi la novella "La realtà del sogno," Luigi Pirandello, e rispondi alle domande che seguono.

    a. Di che cosa parla la novella?
    b. Qual è, a tuo parere, il significato del titolo "La realtà del sogno?"
    c. Per te, il sogno rappresenta in qualche modo la realtà? Spiega.
    d. Quale relazione ci potrebbe essere con il tema del racconto?

B. VOCABOLARIO INIZIALE

mettere a fuoco	precisare
come se desse per scontato	come se sapesse già
atteggiamento	modo di presentarsi
cortese scetticismo	gentile incredulità
mi è capitato	mi è accaduto
cioè	in altre parole
scomparse	morte
come tale	*as such*
insomma	brevemente
matto	pazzo
della veglia	di quando sei sveglio
verosimilmente	con ogni probabilità
mi compiaccio	provo piacere
perfino	proprio/addirittura
fluttuo	*I float*

180 STANZE

1. **Scrivi l'iperonimo dei seguenti gruppi di parole come nell'esempio.**
   a. barocca – classica – jazz – sperimentale → *musica*
   b. triglia – trota – merluzzo – salmone
   c. braccio – gomito – avambraccio – polso
   d. gioventù – adolescenza – infanzia – maturità
   e. qualcuno – uno – nessuno – certi

2. **Scegli tre aggettivi che possano qualificare ciascuna delle parole date come nell'esempio.**
   a. aria → *aria pulita – chiara – afosa*
   b. sogno
   c. vita
   d. acqua
   e. atteggiamento
   f. numero
   g. mano
   h. papà

C. DOPO LA LETTURA

1. **Rifletti sul testo che hai letto e forma una frase unica abbinando correttamente le espressioni della colonna A con quelle della colonna B.**

   A
   a. in un sogno lucido
   b. si impara ad agire nei sogni notturni
   c. è possibile fare cose impossibili nel sogno
   d. se si pratica sufficientemente
   e. ho saltato
   f. l'ho riconosciuto

   B
   g. ed ero meravigliato della mia agilità
   h. come nella vita reale
   i. si è consapevoli di stare sognando
   l. ed ero contento
   m. come incontrare persone care
   n. potrai capire che lo chiedi in un sogno

2. **Inserisci la parola che abitualmente si colloca dopo quella sottolineata come nell'esempio.**
   a. Devo solo chiedermi se <u>sogno</u> o sono **sveglio**.
   b. Quel signore mi ricorda qualcuno, mi cammina <u>davanti</u> e _____, ma non riesco a mettere a fuoco chi possa essere.
   c. Poi mi dice qualcosa che mi fa riflettere, ma non capisco se sia una <u>buona</u> o _____ notizia.
   d. M parla di un sogno e di ricordi, di <u>vita</u> e di _____.
   e. Cita <u>parola</u> per _____ parti di un mio libro.
   f. Non lo riconosco ancora, ma mi colpisce il suo vestito <u>bianco</u> e _____ che mi fa ricordare qualcuno a me molto caro.

3. **Domande di comprensione del testo ed espansione.**

   a. Di che cosa parlano i protagonisti del racconto?
   b. Perché il narratore è scettico?
   c. Perché il narratore deve chiedersi se è sveglio o sta sognando?
   d. Che tipo di test bisogna fare per capire se si è svegli o si sta sognando?
   e. Individua nel testo verbi, aggettivi, e sostantivi che hanno un significato positivo.
   f. Carofiglio conclude il racconto con una frase semplice ma significativa. Trovala ed esprimi la tua opinione.
   g. Quali sentimenti suscita in te il racconto? Nostalgia, tristezza, amore, felicità, altro? Spiega.
   h. Immagina il signore con cui il narratore ha la conversazione. Descrivilo fisicamente e soffermati su qualche sua caratteristica comportamentale che ti colpisce in modo particolare. Sii preciso/a e dettagliato/a.i.
   i. Credi che il sogno e la realtà siano in qualche modo collegati?

4. **Scrittura.**

   Racconta un sogno che ti è sembrato importante.

5. **Presentazione orale.**

   Crea un poster che rappresenti il tema del racconto e preparati a motivarlo.

D. ELABORAZIONE

1. **La poesia.**

   - Henry Scott Holland, *Death is Nothing at All* (*La morte non è niente*).

     "Stanze" termina con l'inizio della poesia tradotta di Holland. Non si hanno certezze sull'origine di questa poesia-preghiera che sembra essere attribuita a Sant'Agostino e a Henry Scott Holland, dopo che fece parte di un sermone pronunciato per la morte del re Edoardo VII.

     a. Ricerca la poesia, rifletti, e commentala.
     b. Perché pensi che Carofiglio faccia riferimento alla poesia?

   - George Gordon Byron, *The Dream* (*Il sogno*).

     c. Leggi la poesia e rifletti sul tipo di sogno di cui parla il poeta.

2. **La letteratura.**

   - Antonio Tabucchi, *Notturno indiano*.

     a. *Notturno indiano* dà la sensazione di trovarsi in un'atmosfera di sogno. Soffermati su una parte del testo che possa dimostrare quanto appena affermato.

   - Vanni Santoni, *L'impero del sogno*.

     b. Leggi o ricerca la descrizione del libro e spiega in che cosa consiste la presenza del sogno.

3. **Letteratura e cinema.**
   - Niccolò Ammaniti, *Io non ho paura* e film omonimo di Gabriele Salvatores.
     a. Michele, il protagonista del libro e del film, ha un sogno. Ricerca il sogno e descrivilo.
     b. Perché pensi che Michele sogni?
     c. In che modo Salvatores rappresenta il sogno di Michele nella versione cinematografica?

4. **Letteratura e teatro.**
   - Luigi Pirandello, *Sogno (ma forse no)*, atto unico teatrale.
     a. Ricerca l'atto teatrale, leggilo, e commentalo.
     b. Credi che il protagonista stia sognando oppure no?

5. **Arte.**
   - Piero della Francesca, *Sogno di Costantino*.
     a. Che cosa sogna Costantino e che cosa fa a seguito del sogno?
   - Jean-Jules-Antoine Lecomte du Nouÿ, *Le songe de l'Eunuque* (*Il sogno dell'Eunuco*).
     b. Ricerca il dipinto, osservalo, e interpreta il sogno raffigurato.
   - Charles Lock Eastlake, *Lord Byron's 'Dream'* (*Il sogno di Byron*).
     c. Esamina il quadro e paragonalo alla poesia *The Dream* di Byron.

E. REVISIONE GRAMMATICALE

1. **Coniuga i verbi tra parentesi nel tempo corretto dell'*indicativo* o del *congiuntivo*.**

   Avevo l'impressione che quel signore (avere) _____ un'aria familiare. (Pensare) _____ di averlo conosciuto da qualche parte, ma non (riuscire) _____ a ricordare dove lo (potere) _____ incontrare. (Noi-parlare) _____ di musica, di pittura, di libri. Lui (comportarsi) _____ come se (conoscersi) _____ molto bene. Poi mi (chiedere) _____ se io (fare) _____ mai un sogno lucido, ovvero un sogno in cui (essere) _____ consapevole di stare sognando. Io (pensarci) _____ un po', e sì, in effetti mi (capitare) _____ di farlo. Il signore (dire) _____ che (essere) _____ possibile imparare ad avere questi sogni lucidi. (Bisognare) _____ diventare consapevoli della veglia e del sogno, cioè (dovere) _____ prendere l'abitudine di chiedermi se (essere) _____ sveglio o se (stare) _____ sognando. Se lo (fare) _____ un numero sufficiente di volte, ci sarei riuscito. E così, sotto suo suggerimento, (io-cominciare) _____ ad alzare un braccio, poi a saltare, quando all'improvviso (rendersi conto) _____ e (riconoscere) _____ la persona con cui (stare) _____ parlando nel sogno.

2. **Fai l'analisi grammaticale dei *verbi* e *pronomi* del primo paragrafo del racconto.**

3. *Pronomi personali.* Indica se la particella sottolineata è un pronome oggetto diretto (D), indiretto (I), o riflessivo (R). Quando è possibile dai anche il pronome tonico come nell'esempio.

   a. <u>mi</u> ricorda qualcuno   (I) ricorda *a me* qualcuno
   b. <u>si</u> comporta
   c. atteggiamento che <u>mi</u> confonde
   d. <u>mi</u> fa anche paura
   e. <u>mi</u> è capitato
   f. <u>ti</u> fa un discorso
   g. <u>lo</u> tratti come tale
   h. <u>gli</u> chiedo
   i. non svegliar<u>ti</u>

4. Scrivi la giusta *preposizione*, *a* o *di*, dopo i verbi che seguono ed espandi con due o tre altri verbi come nell'esempio.

   a. imparare   *A sognare – fare – scrivere*
   b. riuscire
   c. chiedere
   d. provare
   e. aiutare
   f. dire
   g. decidere
   h. ricordare
   i. andare
   l. accorgersi
   m. arrivare

5. Adesso scegli cinque verbi dell'Esercizio 4 e scrivi cinque frasi complete riferendoti al racconto.

6. Metti i seguenti *avverbi* sotto la categoria appropriata.

   forse – non – certamente – neanche – né – davvero – sì – probabilmente – proprio quasi – neppure – circa – mai

   dubbio   **negazione**   **affermazione**

7. Completa il paragrafo che segue con i corretti *avverbi* dell'Esercizio 6.

   Mi sembra di conoscere quel signore, ma _____ ricordo dove posso averlo incontrato. _____ la sua voce mi aiuta. Avrà _____ la mia stessa età. Parliamo di molte cose tra cui anche dei sogni. Mi dice che è possibile imparare ad agire nei sogni notturni come nella vita reale. Ed è _____ questo che mi colpisce in modo particolare. All'inizio penso che _____ è un po' pazzo, ma continuo ad ascoltarlo. Ad un certo punto mi propone degli esempi pratici, come alzare le braccia e saltare, a cui io partecipo. Sono _____ contento di vedermi così sciolto e leggero! Poi, all'improvviso lo riconosco: ma _____ è mio padre ...

Approfondimento di riflessione

- L'argomento del sogno è già stato trattato nell'Unità 12.
- Wagner, tra sogno e veglia. L'avvio al ciclo *Der Ring des Nibelungen* (*Anello dei Nibelunghi*) fu concepito durante il sonno. Stretto legame tra sogno e pensiero.
- Musica: "Va', pensiero," Giuseppe Verdi; "Il fabbricante dei sogni," Modena City Ramblers.

Bibliografia

Ammaniti, Niccolò. *Io non ho paura*. Torino: Einaudi, 2001.
Byron, George Gordon. *The Dream*. 1816.
Eastlake, Charles Lock. *Lord Byron's 'Dream.'* 1827. Tate Gallery, Londra.
Holland, Canon Henry Scott. *Death is Nothing at All*. 1910.
Io non ho paura. Regia di Gabriele Salvatores. Medusa Distribuzione, 2003.
Lecomte du Nouÿ, Jean-Jules-Antoine. *Le songe de l'Eunuque*. 1874. Cleveland Museum of Art, Cleveland.
Modena City Ramblers. "Il fabbricante dei sogni." *La grande famiglia*. BlackOut Polygram, 1996.
Francesca, Piero della. *Sogno di Costantino*. 1458–1466. Basilica di San Francesco, Arezzo.
Pirandello, Luigi. "La realtà del sogno." *Novelle per un anno*. 1884–1936.
_____. *Sogno (ma forse no)*. 1928. Prima rappresentazione italiana 1937.
Tabucchi, Antonio. *Notturno indiano*. Palermo: Sellerio, 1984.
Santoni, Vanni. *L'impero del sogno*. Milano: Mondadori, 2017.
Verdi, Giuseppe. "Va', pensiero." *Nabucco*. 1841.
Wagner, Richard. *Der Ring des Nibelungen*. 1876.